Das Buch zur Selbstfindung

„Hätte ich mal..."

Wie du ab sofort deine Träume lebst, bevor es eines Tages zu spät dafür ist

Stefanie Lorenz

© Copyright 2021 - Alle Rechte vorbehalten.

Rechtliche Hinweise:

Dieses Buch ist urheberrechtlich geschützt und nur für den persönlichen Gebrauch bestimmt. Ohne die Zustimmung der Autorin oder des Herausgebers darf der Leser keinen Inhalt dieses Buches ändern, verbreiten, verkaufen, verwenden, zitieren oder umschreiben.

Haftungsausschluss:

Die in diesem Dokument enthaltenen Informationen dienen nur zu Bildungs- und Unterhaltungszwecken. Es wurden alle Anstrengungen unternommen, um genaue, aktuelle, zuverlässige und vollständige Informationen zu liefern. Die Leser erkennen an, dass die Autorin keine rechtlichen, finanziellen, medizinischen oder professionellen Ratschläge erteilt. Durch das Lesen dieses Dokuments stimmt der Leser zu, dass die Autorin unter keinen Umständen für direkte oder indirekte Verluste haftet, die durch die Verwendung der in diesem Dokument enthaltenen Informationen entstehen, einschließlich, aber nicht beschränkt auf Fehler, Auslassungen oder Ungenauigkeiten.

Geschenk #1

Zitatesammlung

Gratis-Bonusheft!

Mit dem Kauf dieses Buches hast du ein kostenloses Bonusheft erworben. Dieses steht nur eine begrenzte Zeit zum Download zur Verfügung.

Das Bonusheft beinhaltet eine Sammlung an schönen, motivierenden und auch Mut gebenden kleinen Geschichten und Zitaten. Diese werden dich beim Lesen und auf deinem täglichen Weg zu einem erfüllten Leben begleiten. Sichere dir das Bonusheft noch heute!

Alle Informationen, wie du dir schnell das gratis Bonusheft sichern kannst, findest du am Ende dieses Buches.

Geschenk #2

Entspannung im Alltag

Mit dem Kauf dieses Buches hast du noch ein weiteres Bonusheft erworben.

In diesem Bonusheft findest du verschiedene Entspannungsmethoden, Meditationsideen und Affirmationen, die dich darin unterstützen können, wieder zu dir selbst zu finden. Sichere dir das Bonusheft noch heute!

Alle Informationen, wie du dir schnell das gratis Bonusheft sichern kannst, findest du am Ende dieses Buches.

Inhaltsverzeichnis

Einleitung 1

Kapitel 1 – Reue – ein mächtiges Gefühl 5

Reue – wie sie hilft und wie sie dich an einem
erfüllten Leben hindert 6
Wie kann ich ein Leben ohne Reue leben? 8
Den Blick neu ausrichten auf das, was zählt im Leben 11
Wie kann mir dieses Buch dabei helfen? 12

Kapitel 2 – Herzenswünsche und Lebensträume 15

Habe ich überhaupt noch Träume oder sind sie im
Alltag verloren gegangen? 16
Den Wünschen auf der Spur – ganz ohne
schlechtes Gewissen 18
Meine oder deine Träume? - Wie ich herausfinde,
was wirklich von mir kommt 22

Kapitel 3 – Werte einer Gesellschaft und Sterbende als Lehrmeister 31

Kann ich durch die Erinnerungen anderer meinen
Weg finden? 32
Die fünf Hauptthemen, die Menschen am meisten am
Lebensende bereuen 34
Selbsttreue / Authentizität – zu dir selbst stehen 35
Im Gleichgewicht bleiben – die berühmte
Work-Life-Balance 42
Ausdruck von Gefühlen – das Herz auf der Zunge
tragen 46
Vernachlässigung von Beziehungen – darum kümmere ich
mich später 52
Das schickt sich nicht - nicht gelebte Lebensfreude 57

Kapitel 4 – Werte und ihre Auswirkungen auf unsere Wünsche 61

Gibt es universelle Werte, die auch auf mich zutreffen? 62
Werte in der Welt und in Deutschland 65
Viele Möglichkeiten, viele Entscheidungen –
die Qual der Wahl 67
Bringt die Auseinandersetzung mit Werten
mich weiter? 69
Keine Angst vor Fehlentscheidungen! 72

Kapitel 5 – Ich mache mich auf den Weg 75

Erste Schritte 76
Wo stehe ich gerade? 78
Wo möchte ich hin? 79
Ich weiß, wo ich hin will - wieso komme ich
trotzdem nicht vom Fleck? 81

Kapitel 6 – Den Wünschen auf der Spur 89

Kapitel 7 – Jetzt geht's los 109

Wünsche zuordnen 110
Wünsche gewichten 110
Wann ist der beste Zeitpunkt, um anzufangen? 111
Jetzt geh ich's an – aber was ist mit den Anderen? 114
Was, wenn ich dann immer noch nicht
rundum glücklich bin? 115

Abschluss: Bestens vorbereitet für deinen Weg 119

Geschenk #1 – Zitatesammlung 123

Geschenk #2 – Entspannung im Alltag 125

Eine kleine Bitte 127

Quellen und weiterführende Literatur 129

Einleitung

Ein Mensch sitzt zur jährlichen Vorsorgeuntersuchung bei der Ärztin und wird nach dem Auswerten des Labors ins Sprechzimmer gebeten. Ihm wird auf möglichst einfühlsame Weise mitgeteilt, dass er unter einer schweren Krankheit leidet und nur noch kurze Zeit zu leben hat. Nachdem die Person sich von dem ersten Schock erholt und Emotionen wie Trauer, Ungläubigkeit und Wut durchlebt hat, beginnt sie, ihr verbleibendes Dasein auf dieser Erde ganz anders zu gestalten:

Bewusster, raumgreifender, direkter, ohne Wenn und Aber. Statt Entscheidungen oder Veränderungen auf ein Morgen, welches möglicherweise nie kommen wird, zu vertagen, lebt dieser Mensch konsequent im Hier und Jetzt. Seine Wünsche nimmt er selbst in die Hand, statt wie bisher darauf zu warten, dass sich jemand anderes dieser annimmt oder sie sich vielleicht von alleine erfüllen.

Tage später erhält der Mensch aus unserem Beispiel einen Anruf und bekommt mitgeteilt, dass aufgrund eines technischen Fehlers im Labor eine Fehldiagnose erfolgte: Er ist keineswegs lebensbedrohlich erkrankt, sondern ihm steht stattdessen das ganze Leben offen!

Solche oder ähnliche Begebenheiten wie in unserem Beispiel hast du sicher schon einmal in einem Film gesehen. Oder aber du hast davon in deinem Umfeld gehört, dass Menschen wirklich schwerwiegend erkranken und sie daraufhin ihre verbleibende Lebenszeit ganz anders als bisher gestalten.

Wenn Menschen sich in einer solch fordernden Zeit mit einem Mal dazu motivieren können, ihre Wahrheit zu leben und ihre Herzenswünsche anzugehen, ist das etwas ganz Besonderes und es fasziniert uns Außenstehende. Trotz der Wehmut, unerwartet früh aus dem Leben scheiden zu müssen, wird diese Phase häufig – und das mag für uns Außenstehende paradox klingen – von einer eindrucksvollen Lebenslust begleitet. Die eigene Lebensdauer so stark begrenzt zu sehen und die eigene Endlichkeit in Griffweite zu spüren, verändert alles. Wenn es den Menschen möglich ist, den Schmerz zu ertragen, sehen nicht wenige darin eine Chance, ihrem Leben eine neue, die richtige Wendung zu geben; endlich so zu leben, wie sie es eigentlich wollten und meinten. Es gibt ja schließlich keinen Grund mehr zu warten oder auf die Befindlichkeiten von anderen Rücksicht zu nehmen.

Ein Mensch mit normaler Lebenserwartung hat diesen Druck nicht. Mitunter erscheint es uns so, als hätten wir ewig Zeit. Wünsche und Bedürfnisse werden immer wieder verdrängt und zurück geschoben auf später. Ein absolut kompromissloses Leben ohne Rücksicht auf die Zukunft und das Umfeld ist für die meisten von uns unvorstellbar, ebenso wie die ständige Befriedigung von Bedürfnissen bei einer normalen Lebensführung einfach nicht umsetzbar ist. Wir könnten unseren normalen Alltag überhaupt nicht bewältigen, würden unser ganzes Geld wahlweise für Massagen, Kuchen, Reisen oder Schuhe ausgeben und vermutlich weniger daran denken, einen Notfallgroschen für eine etwaige kaputte Spülmaschine zurück zu legen. Langwierige Verpflichtungen wären ebenfalls nicht möglich, denn bei einem solch kompromisslosen Lebensstil ist das Morgen nicht gewiss.

So radikal lässt sich die Idee also nicht auf dein Leben übertragen. Schließlich kann der, der langfristige Ziele verfolgt, nicht einfach jeden Tag leben, als wäre es der letzte – sonst wüssten wir sicher besseres mit unserer Zeit anzufangen, als uns auf die Fahrprüfung vorzubereiten, Vokabeln zu lernen, eine Präsentation vorzubereiten oder zum Routinecheck beim Zahnarzt zu gehen. Wenn wir aber unseren Führerschein machen, endlich fließend Spanisch sprechen, uns unsere Beförderung verdienen oder unseren Körper pfleglich behandeln wollen, dann sind Tätigkeiten, die nicht unbedingt einen unmittelbaren Lustgewinn versprechen, wichtig und notwendig.

Einleitung

Trotzdem hat die Idee „Carpe Diem", lateinisch für „Pflücke den Tag" (uns im übertragenen Sinne als „Nutze den Tag" bekannt) durchaus ihre Berechtigung: Mittlerweile zum geflügelten Wort geworden, stammt die Phrase aus der Ode „An Leukonoë" des Dichters Horaz. Er ruft damit dazu auf, das Leben im Hier und Jetzt zu nutzen und zu genießen, anstatt die begrenzte Lebenszeit zu vergeuden.

Ähnliche Ansätze finden sich im Laufe der Menschheitsgeschichte immer wieder in den verschiedensten Kulturen. Besonders präsent war dieses Gedankengut im deutschen Barock, als Aussagen wie „Memento mori – bedenke, dass du sterben musst" und „Carpe diem – nutze den Tag" besonders populär waren. Hättest du zu dieser Zeit gelebt, hätten die Aussagen eine ganz andere Bedeutung für dich gehabt als heute. Das Alltagsleben war stark christlich geprägt; die Menschen gestalteten ihr Leben im Hinblick auf das ewige Leben nach dem Tod und richteten ihr Handeln danach aus. Du wirst heute beim Ausspruch Carpe Diem eher daran denken, dein Leben jetzt im Moment so zu leben, wie du es wirklich willst. Das bedeutet nicht, dass du nur noch an einem reinen Lustgewinn orientiert bist, sondern darum, dass du deine Wirklichkeit lebst und deine Lebensträume verfolgst.

Menschen, die dies nicht tun, sondern ihre Lebensträume und Ziele immer wieder anderem unterordnen, erleben häufig, dass sie am Ende ihres Lebens auf eben dieses nicht wohlwollend, sondern mit einem Gefühl von Reue zurückblicken. Das Gefühl, nicht sein eigenes Leben gelebt zu haben, sondern das eines anderen oder kein wirklich erfülltes Leben geführt zu haben, kann das Ende sehr schwer machen und den Lebensabend verdunkeln.

Natürlich kannst du nicht dein ganzes Leben kontrollieren. Aber du kannst einiges dafür tun, dass dir ein solch negativer Rückblick erspart bleibt. Den wichtigsten Schritt in die richtige Richtung hast du bereits gemacht: Indem du zu diesem Buch greifst, machst du dir dieses Thema bewusst und setzt dich damit auseinander. Dadurch wirst du aktiv und kommst ins Handeln. Dieses Buch begleitet dich dabei, dein Lebenswohl in die Hand zu nehmen. Du bist der Experte für dich selbst und nur du hast die Möglichkeit und die Kraft, etwas zu verändern. Dieses Buch soll dich dabei unterstützen.

Wie bereits erwähnt, gibt es zudem einen Gratis-Bonus zum Download. Darin enthalten findest du motivierende kleine Geschichten und Zitate, die dich begleiten und jeden Tag daran erinnern, mutig deinen Weg weiter zu gehen. Alle Hinweise zum Download des Bonusmaterials findest du am Ende dieses Buches.

Schritt für Schritt kannst du dich so in das Thema einlesen und dir immer wieder die nötigen Pausen geben, die du auf deinem Weg brauchst. Eine gute Zeit und eine gute Reise!

Kapitel 1 – Reue – ein mächtiges Gefühl

Das Spektrum Lexikon der Psychologie definiert Reue als „seelischen Schmerz und komplexe Emotion, die u. a. das Gefühl der Beschämung oder Schuld und den Wunsch nach Wiedergutmachung beinhaltet. Sie tritt z. B. nach Entscheidungen oder bei Schädigung einer anderen Person auf. Reue ist erst im Schulalter soweit ausgeprägt, dass sie einen möglichen Nutzen der Regelübertretung überschattet." Der Duden definiert das Gefühl Reue als „tiefes Bedauern über etwas, was nachträglich als Unrecht, als [moralisch] falsch empfunden wird". Der Mensch empfindet den Gedanken an das vermeintlich fehlerhafte Tun als schmerzlich, verachtens- oder bedauernswert, sodass die Reue als unangenehm wahrgenommen wird.

Reue wirkt sich laut dem Psychologen Carsten Wrosch, der an der Concordia-Universität Reuegefühle erforscht, zudem nicht nur auf die Psyche, sondern auch auf den Körper aus: Sowohl das Immunsystem als auch der Hormonhaushalt können durch Reuegefühle belastet werden. Somit kann das Bereuen nicht nur Stress für deinen Geist, sondern auch für deinen Körper bedeuten und sogar die Gefahr von Folgeerkrankungen kann durch ein häufiges oder anhaltendes Gefühl der Reue ansteigen.

Dabei muss es sich nicht immer nur um Taten handeln, die wir bereuen, sondern die falschen Entscheidungen können auch verpasste Gelegenheiten betreffen. Nicht nur das eigene Tun, sondern vor allem auch das Unterlassen bestimmter Taten oder Dinge kann Menschen extrem belasten und zu einer anhaltenden Unzufriedenheit führen.

Der Psychologe Daniel Gilbert stellte bei seiner Arbeit als Entscheidungsforscher an der Universität Harvard fest, dass Menschen intuitiv getroffene Entscheidungen weniger bereuen als solche, die rational und nach einem längeren Abwägungsprozess getroffen wurden. Hast du sehr viel Zeit mit deiner Entscheidung verbracht und bist du dann mit dem Ergebnis unzufrieden, ist dies für dich schwerer loszulassen, als wenn du dich frei aus dem Bauch heraus entschieden hast.

Am schwierigsten zu verarbeiten sind übrigens Entscheidungen, bei denen die Person sich für das Unterlassen entschieden hat: Nichts zu tun scheint also etwas zu sein, das Menschen am meisten bereuen. Der Gedanke „Was wäre, wenn…?" wird dann zur fixen Idee und zur wirklichen Belastung. Das Bereuen vom Nicht-tun ist auch das, was sich am stärksten auf deine psychische und physische Gesundheit auswirken kann.

Reue – wie sie hilft und wie sie dich an einem erfüllten Leben hindert

Das Gefühl der Reue ist natürlich nicht einfach nur da, um dir und den anderen Menschen das Leben schwer zu machen. Sie erfüllt gleich mehrere Zwecke: Erkennt der Mensch ein Fehlverhalten und erlebt er ein Gefühl der Reue, kann der Wunsch nach der Wiedergutmachung dadurch gesteigert werden. Die Person wird sich das Ereignis besser einprägen und darauf achten, diesen Fehler nicht noch einmal zu begehen. Zudem wird sie durch das Reuegefühl dazu angehalten, den entstandenen Schaden wieder gut zu machen, falls dies möglich ist. Reue kann somit als Motivation wirken, sich zu bessern.

Kapitel 1 – Reue – ein mächtiges Gefühl

Reue dient als Hilfsmittel im Zusammenleben und bildet sich bei gesunden Kindern bis zum Schuleintritt aus. Mit etwa 6 Jahren können Kinder ein bewusstes Gefühl von Reue verspüren. Leiden Personen unter antisozialen psychischen Erkrankungen, wie etwa Soziopathie, sind sie meist nur teilweise oder überhaupt nicht zu einem Empfinden von Reue fähig, was sich natürlich deutlich im Zusammenleben mit anderen Menschen auswirkt.

Zudem erleichtert ein ehrliches Gefühl von Reue auch dem Geschädigten das Verzeihen von Fehlern. Stell dir vor, du sitzt im Wohnzimmer und plötzlich kracht ein Ball durch die Fensterscheibe des Nebenraums. Die Scheibe ist kaputt, du hast überall den Dreck und die Rennerei, die jetzt auf dich zukommt. Eine Minute später stehen zwei Nachbarskinder vor deiner Tür: Eins mit ehrlich zerknirschtem Gesichtsausdruck, das gar nicht weiß, wohin mit sich, so sehr tut es ihm leid. Das andere grinst dich frech an und wiederholt die Entschuldigung des anderen mit gelangweilter Stimme. Welchem Kind könntest du leichter verzeihen?

Schwierig wird es, wenn die Reue, die du fühlst, der Situation nicht angemessen ist. Das ist natürlich immer schwer zu beurteilen – schließlich sind Gefühle etwas sehr Persönliches. Aber wenn sich Reue dauerhaft bei dir einnistet, belastet sie dich nicht nur körperlich und psychisch, sondern sie bremst dich auch aus. Und vielleicht weitet sich der Schaden auch noch auf deine Liebsten aus.

Kennst du diese Eltern, die ihren eigenen gescheiterten Kindheitstraum ihrem Nachwuchs überstülpen, weil sie bereuen, dass sie es selbst nicht geschafft haben? Dies ist ein Fall, in dem die Reue ihre soziale Funktion verliert und ungesund wird. Auch wenn du aufgrund eines Reuegefühls nur in der Vergangenheit lebst und dich gedanklich mit deiner verpassten Chance oder deinem Fehltritt befasst, statt all die Möglichkeiten in deinem jetzigen Leben zu sehen, kann sich das nachteilig auf deine mentale und auch körperliche Gesundheit auswirken. Nicht selten kann ein anhaltendes Gefühl von Reue auch zu einem starken Rückzug führen – schließlich ist ein innerer Rückzug beim Fühlen von Reue ganz normal. Hält die Reue aber unverhältnismäßig an, kann das zur Vereinsamung des Menschen führen. Mitunter werden die Betroffenen auch sehr bitter in ihrer Sichtweise, trauen sich nichts zu oder halten ohnehin alles für sinnlos.

Wie kann ich ein Leben ohne Reue leben?

Natürlich ist es nicht möglich, unangenehme Emotionen wie Wut, Trauer, Reue oder Schuld im menschlichen Erleben komplett zu vermeiden. Als Mensch wirst du immer wieder sowohl mit angenehmen als auch mit unangenehmen Emotionen konfrontiert werden. Wie du erfahren hast, dient das Gefühl der Reue ja auch wichtigen sozialen Funktionen und ist somit in angebrachtem Maße ein durchaus nützliches Gefühl – vergleichbar mit dem Gefühl der Angst, dass dich vor Gefahren schützt.

Reue kannst du sowohl empfinden, wenn das Ereignis, das Reue in dir hervorruft, eher von externalen, also äußeren Faktoren abhängt, als auch wenn es von internalen, also inneren Ursachen hervorgerufen wird. Bei der äußeren Ursachenzuschreibung fällt es den meisten Menschen leichter, ein Reuegefühl zu überwinden: Machst du also nicht dich für einen Fehler verantwortlich, sondern schreibst du diesen anderen Mitmenschen oder Umständen zu, die einfach gegeben waren und zu dem Fehler geführt haben, kannst du das Gefühl von Reue viel leichter und schneller loslassen. Die Reue taucht nur kurz auf – aber, weil du ja ohnehin nichts an der Sache ändern konntest, verschwindet sie auch sehr rasch wieder.

Stärker und deutlich belastender wird das Gefühl von Reue erlebt, wenn wir uns selbst für Fehltritte oder verpasste Chancen verantwortlich machen. Schließlich hätten wir diese ja irgendwie verhindern können, oder? Eine quälende Gedankenspirale mit

Kapitel 1 – Reue – ein mächtiges Gefühl

immer wiederkehrenden „Was wäre, wenn"-Fragen hat sicherlich jeder von uns schon einmal erlebt und wir wissen, wie hartnäckig diese sein kann. Dabei bringt uns diese aber nicht weiter. Wie kannst du das Reuegefühl stattdessen im Zaum halten?

Forscher der University of California in Berkeley haben herausgefunden, dass du dem Gefühl von Reue mit wohlwollendem Selbstverständnis entgegentreten und dessen negative Auswirkungen damit abmildern oder aufheben kannst. Auch das Vergleichen mit Personen, denen es noch schlechter geht als dir, kann dabei helfen, das Bedauern von Vergangenem zu überwinden. Dies wurde sogar wissenschaftlich belegt. Trotzdem wirkt das nicht gerade wie die ideale Art, um mit Reue umzugehen, oder?

Noch besser wäre es doch, dein Leben in eine solche Richtung zu lenken, dass du nicht allzu viel zu bereuen hast. Erschaffe dir ein Dasein, bei dem die zweite Art der Reue – die, die Dinge betrifft, die du selbst verschuldet hast – nicht allzu oft auftreten muss. Damit ist keinesfalls gemeint, dass du keine Fehler mehr machen sollst. Das ist menschlich und sehr wichtig beim Lernen und Ausprobieren! Gemeint sind die Dinge, für die du nur die Verantwortung übernehmen musst, damit sie endlich in die Tat umgesetzt werden: deine Herzenswünsche und Lebensträume. Zwar fühlen wir uns mitunter so, als würde uns das Leben passieren und als wären wir den äußeren Umständen schutzlos ausgeliefert, doch besteht für jeden von uns die Chance, das eigene Leben in eine glücklichere Richtung zu lenken. Auch wenn dieser Gedanke zu Beginn möglicherweise verunsichernd oder sogar furchteinflößend klingen mag - schließlich ist damit deutlich Eigenverantwortung verbunden - birgt er doch auch viel Potenzial: Es liegt allein an dir, dein Leben zum Guten zu wenden.

Du kannst dein Leben verändern und musst nicht darauf warten, dass es jemand anderes tut. Du hast es in der Hand! Selbstverständlich ist dies nicht mit positivem Denken und frommen Wünschen getan. Manche Dinge, wie etwa die nervende Unsportlichkeit oder das nicht beendete Studium, lassen sich nicht von heute auf morgen geraderücken. Mit anderen, wie etwa einer chronischen Krankheit oder einem unwiederbringlichen Verlust, müssen Menschen lernen umzugehen. Aber du kannst mit dem, was dir jetzt in deinem Leben zur Verfügung steht, das bestmögliche Leben für dich kreieren. Dafür ist es wichtig, dass du dich als treibende Kraft wahrnimmst und auch als solche akzeptierst. Ganz egal, ob dir früher mal jemand eingeredet hat, du wüsstest nicht, was gut für dich ist oder du wärest nicht fähig, selber etwas auf die Beine zu stellen – du kannst etwas ganz Besonderes für dich kreieren, wenn du auf dich und deine Stärken vertraust und die Verantwortung für dein Denken und Handeln übernimmst. Dabei hilft dir, wenn du weißt, in welche Richtung das Ganze gehen soll. Umwege erhöhen zwar die Ortskenntnis, aber schließlich willst du ja irgendwann einmal ankommen, oder?

Es ist nicht schlimm, wenn dein Lebensweg nicht schnurgerade verläuft und du den einen oder anderen Berg oder manches Tal mitnehmen musst – aber wenn du bemerkst, dass du mit deinem Leben unzufrieden bist und etwas verändern möchtest, ist eine ungefähr abgesteckte Route extrem hilfreich, um sich nicht zu verlaufen oder zu verzetteln. Wanderst du gedanklich noch mal zum Anfang dieses Buches und rufst dir das Bild des Menschen mit der vermeintlich tödlichen Krankheit vor Augen, weckt dies möglicherweise Fragen in dir wie:

- Was würde ich an der Stelle dieser Person machen?
- Was würde ich unbedingt noch erleben wollen?
- Mit wem würde ich meine Zeit verbringen wollen?
- Würde ich mich über die vermasselte Prüfung, den tropfenden Wasserhahn oder das schlechte Wetter aufregen?
- Was wäre mir wirklich wichtig?

Du siehst: Du musst nicht erst bis zu deinem Lebensabend warten, um dein Leben einer Bestandsaufnahme zu unterziehen. Selbstverständlich lässt sich rückblickend und mit etwas Abstand immer ganz anders auf eine Situation blicken. Schließlich kommen mit dem Alter und der Erfahrung auch eine gewisse Weisheit und Gelassenheit hinzu – trotzdem kannst du schon heute, jetzt, in diesem Moment, in dem du dieses Buch in den Händen hältst, damit beginnen, dein Leben zu verändern. Vielleicht gibt es Dinge, die du bereits jetzt bereust. Dinge, die dir fehlen. Ideen, die du gerne weiterverfolgen möchtest, aber wo du dich bisher einfach nicht aufraffen konntest, den Anfang zu machen?

Spürst du ein diffuses Unbehagen, wenn du an bestimmte Bereiche in deinem Leben denkst, etwa deine berufliche Situation, deine Familie, deine Freundschaften oder die Art, wie du deine Freizeit gestaltest? Gibt es Punkte, die du bisher nicht verändert hast, obwohl du sie gerne ändern würdest?

Den Blick neu ausrichten auf das, was zählt im Leben

Häufig fällt es Menschen leichter, Dinge zu benennen, die sie nicht für sich möchten, als Dinge, die sie sich wirklich von Herzen wünschen. Mitunter kann es leichter sein, das Problem zu benennen, als gleich eine Lösung aufzuzeigen. Schließlich speichert dein Gehirn negative Dinge und Erlebnisse auch besser ab und widmet dem, was es gerne vermeiden möchte, einen großen Anteil deiner Energie.

Ein reines Vermeidungsverhalten wäre allerdings schade, denn es bringt dich um viele schöne und positive Erfahrungen und lenkt deinen Blick auf das Negative. Anstatt dich nur an dem zu orientieren, was du vermeiden möchtest oder was dir nicht gefällt, kannst du dich dem Thema auch auf positive Weise widmen: Orientiere dich bei einer Neuausrichtung deines Lebens an dir selbst, deinen Träumen, Ideen und Vorstellungen. Sei deine eigene gute Fee oder dein eigener guter Zauberer und erfülle dir deine Wünsche selbst.

Wie kann mir dieses Buch dabei helfen?

Gedankenexperimente mit der eigenen Endlichkeit wie am Anfang des Buches sind eine gute Methode, um deinen eigenen Kernthemen auf den zu Grund kommen und deine eigenen Werte und wirklichen Wünsche zu erkennen. Das Wissen um deine Herzenswünsche und Werte ist essentiell, um dein Leben selbst in die Hand zu nehmen und so auf Kurs zu bringen, wie es dir wirklich entspricht und gut tut.

Das Buch, das du jetzt gerade in den Händen hältst, soll dich bei dieser spannenden Reise begleiten. Es wird dich mit Anregungen und Übungen darin unterstützen, dir und deinen Wünschen und Werten näher zu kommen, damit du ab jetzt ein erfülltes Leben führen kannst und keinesfalls Dinge bereuen musst, die vermeidbar gewesen wären. Begib dich auf die Suche nach längst vergessen geglaubten Träumen! Finde heraus, was wirklich von dir kommt und was du möglicherweise nur von deinem gesellschaftlichen und familiären Umfeld übernommen hast und was vielleicht auch gar nicht mehr zu deinem Leben passt.

Übrigens: Falls du aktuell selber gar nicht genau weißt, was dir im Leben wichtig ist – nur keine Panik. Mit ein paar einfachen Übungen und Fragen, die dir in diesem Buch gestellt werden, kommst du deinen verborgenen Wünschen garantiert auf die Spur. Nicht nur der Gedanke an die eigene Endlichkeit kann als Hilfsmittel genutzt werden, um deinen eigenen Wünschen auf die Schliche zu kommen, sondern du kannst auch von anderen lernen: Sterbende, die mit der Weitsicht des Rückblicks auf ihr Leben schauen können, nennen größtenteils alle dieselben Kernthemen, wenn es darum geht, was sie in ihrem Leben bereuen. Dieses Buch stellt dir nicht nur diese Kernthemen, sondern auch die in unserer westlichen Gesellschaft gängigsten Werte, Wünsche und Hoffnungen vor. Diese kannst du als Anregung, eine Art Wegweiser nutzen, bei der Entwicklung deiner eigenen Lebensroute. Einige Werte sind in unserer Gesellschaft recht allgemeingültig - und doch sind sie auch sehr persönlich und bedingt durch verschiedene Faktoren, die dir vorgestellt werden. Dadurch kannst du noch leichter unterscheiden, was dir persönlich wichtig ist und was vielleicht nur von deiner Umgebung übernommen wurde.

Die später im Buch vorgestellten Tipps zur Wunschfindung kannst du dazu nutzen, deine eigenen Kernthemen herauszukristallisieren und deine Lebensträume zu konkretisieren. Je genauer du weißt, was du dir für dein Leben wünscht, desto besser kannst du entsprechende Maßnahmen ergreifen und dich deinen Zielen voller Tatkraft nähern.

Verschwommene Traumbilder bekommen so die nötige Schärfe und lassen sich greifen. Greifbar geworden, dienen sie dir zur Orientierung, statt nur ein ergebnisloses Sehnen in dir hervorzurufen. Eine permanente, nicht zu erfüllende Sehnsucht kann unzufrieden machen und dich lähmen. Dadurch, dass du deine Lebensträume klar benennen kannst und weißt, was dir bei der Umsetzung dieser wichtig ist, kannst du endlich ins aktive Handeln kommen. Damit wirst du zur schöpfenden Kraft in deinem Leben, statt nur am Rand zu stehen und das Leben passieren zu lassen. Diese Form des konstruktiven Aktivismus kann dir nicht nur viel Selbstvertrauen geben, sondern sich auch anderweitig positiv auf deine psychische und körperliche Verfassung auswirken – schließlich wird gefühlte Selbstwirksamkeit als stärkend und stimmungsaufhellend empfunden. Sie kann dich darüber hinaus auch in anderen Bereichen motivieren. Bei einer anschließenden Bestandsaufnahme deiner aktuellen Situation kannst du dich verorten und herausfinden, was dich bis jetzt von der Umsetzung deiner Träume abgehalten hat. Hast du deine Fallstricke erst einmal benannt und analysiert, wird es dir viel leichter fallen, ihnen bei dieser Reise auszuweichen oder mit schwierigen Situationen umzugehen, wenn sie denn auftauchen sollten. Danach hast du freie Bahn, um dein Leben

„Hätte ich mal..."

so zu gestalten, wie du es wirklich willst – damit du am Ende mit einem zufriedenen Lächeln zurückblicken und sagen kannst: „Genau so hab ich das gewollt. Schön war's!"

Kapitel 2 – Herzenswünsche und Lebensträume

Lebensträume können ganz unterschiedlich aussehen und unterscheiden sich meist kultur- und altersbedingt. Während vielleicht im Alter von fünf Jahren dein größter Traum war, endlich wie die älteren Geschwister oder Freunde in die Schule gehen zu dürfen, hat sich dieser Wunsch während der Pubertät vermutlich schnell verflüchtigt... und nichts war erstrebenswerter, als endlich den Abschluss in der Tasche zu haben.

In Kulturen, in denen die Gemeinschaft im Vordergrund steht, sind die Träume und Wunschvorstellungen meist anders geprägt als in Kulturen, in denen das Individuum Vorrang hat.

Galt es in früheren Generationen noch als lebensfern, versponnen oder sogar lächerlich, individuelle Lebensträume zu hegen und diesen auch wirklich nachzugehen, wird der Kunst, den eigenen Lebenstraum zu erkennen und mit der Realität zu vereinen, heute viel Aufmerksamkeit geschenkt. Sowohl in der Psychologie als auch in der Pädagogik und der Soziologie wird dem Verwirklichen eigener Lebensziele deutlich mehr Bedeutung beigemessen, als dies noch vor wenigen Generationen der Fall war, denn gerade in unserer individuell geprägten Kultur ist das authentische Leben im eigenen Takt enorm wichtig für die psychische und physische Gesundheit. Dennoch erleben viele Menschen im Alltag, dass ihnen irgendwann gesagt wird, die Zeit des Träumens sei nun vorbei und es werde Zeit, dass sie sich mit der grausamen Realität anfreunden. Bedeutet der Wunsch, dass du deine Träume realisieren möchtest, denn, dass du lebensfern oder kindisch bist? Mitnichten!

Träumen kann dir auf wunderbar leichte Weise dabei helfen, dir ein Leben zu erschaffen, das zu deinen Wertvorstellungen und Wünschen passt. Wenn es dir gelingt, deine Lebensträume mit der Realität abzugleichen, sind sie ein guter Kompass bei einer erfolgreichen und zufriedenstellenden Lebensführung. Dazu ist zuallererst aber wichtig, dass du deine Lebensträume klar benennen und einordnen kannst – schließlich willst du ja wissen, wo die Reise hingehen soll, oder?

Habe ich überhaupt noch Träume oder sind sie im Alltag verloren gegangen?

Wenn du dich dazu entscheidest, aus dem Alltagstrott auszubrechen und dein aktuelles Leben zu hinterfragen, ist das nicht immer angenehm. Schließlich ist der Mensch ein Gewohnheitstier und du verlässt mit vollem Bewusstsein deine Komfortzone. Auch deine Mitmenschen reagieren möglicherweise nicht immer positiv, wenn du bestehende Systeme in Frage stellst oder überlegst, was eigentlich aus deinen Träumen geworden ist.

Stellst du dir die Frage nach deinen Herzenswünschen, kann die Antwort darauf je nach Situation und emotionaler Verfassung ganz unterschiedlich aussehen: Vielleicht fallen dir spontan zig Träume ein, vielleicht aber auch nur ein einziger. Manche Träume, die du seit der Kindheit mit dir herumträgst, scheinen nicht mehr zu passen, wie ein zu klein gewordenes

Kapitel 2 – Herzenswünsche und Lebensträume

Kleidungsstück, und andere Träume sind noch ganz frisch und fühlen sich unfertig an. Möglicherweise fällt dir aber auch kein einziger Wunsch oder Lebenstraum ein, den du äußern könntest.

Wenn du zu den Menschen gehörst, die bei der Frage nach ihren Träumen erst einmal verlegen lächeln und dann mit einem leicht mulmigen Gefühl in der Magengrube feststellen, dass sie so aus dem Stegreif keinen einzigen Wunsch äußern können, liegt das meist keinesfalls daran, dass du wunschlos glücklich bist. In den seltensten Fällen können wir alle unsere Träume in die Realität umsetzen und haben danach keine neuen Ziele, die wir verfolgen möchten. Es bedeutet aber genauso wenig, dass du einfach keine Träume hast oder unkreativ bist und nichts mit dir anzufangen weißt außerhalb der Tretmühle des Alltags. Stattdessen liegt der Grund, wenn wir uns selbst nach unseren Träumen fragen und keine Antwort finden, meist darin, dass wir unsere Wünsche und Bedürfnisse im hektischen Alltag vergessen oder sogar bewusst verdrängt haben. In der Tretmühle des täglichen Wahnsinns haben wir wenig Zeit, uns über so ein Thema Gedanken zu machen und auch gar nicht die Ruhe dazu, uns auf solche Ideen einzulassen. Fühle dich daher nicht schlecht, wenn du nicht genau benennen kannst, was du dir von deinem Leben wünschst. Das geht vielen Menschen so, die sich das erste Mal nach langer Zeit oder überhaupt erstmals in ihrem Leben mit dem Thema befassen. Viele Gründe können in diese innerliche Gedankenblockade hineinspielen. Wenn du weißt, was dich von deinen Träumen abhält, wieso du sie dir möglicherweise sogar verbietest und wie deine Wünsche von der Umwelt beeinflusst werden können, fällt es dir möglicherweise leichter, deine Bedürfnisse und Träume klar zu benennen.

Bemerkst du, dass dir deine Träume im Alltag abhanden gekommen sind, gräme dich nicht. Damit bist du nicht alleine: Viele Menschen erleben, dass sie im alltäglichen Geschehen auf Autopilot schalten und ihre Tage immer wieder gleichen Abläufen folgen. Das ist menschlich und auch problemlos nachzuvollziehen: Durch automatisierte Prozesse sparst du nämlich Energie und kommst somit leichter durch den Tag. Allerdings gerät die nötige Achtsamkeit, die du für das Erkennen deiner Wünsche bräuchtest, so auch ins Hintertreffen. Du hast vielleicht mit der Zeit sogar verlernt, auf diese Aspekte in deinem Leben zu achten. Zudem fallen Themen, die für dich im Hier und Jetzt keine direkte Alltagsrelevanz haben, auch unter den Tisch. Natürlich hast du immer davon geträumt, einmal ein Instrument spielen zu können und ein gesunder, starker und belastbarer Körper wäre auch schön – aber wer denkt daran, wenn die Kinder von der Krippe abgeholt werden müssen, die Steuererklärung wartet und die Waschmaschine den Geist aufgegeben hat?

Vielleicht macht sich dein Körper mit den ersten Wehwehchen bemerkbar – heute da ein Ziehen, morgen da ein Zwacken – und du denkst wieder an deinen Wunsch nach einer guten körperlichen Fitness und Gesundheit, aber dann klingelt das Handy, es sind noch 1.000 E-Mails zu beantworten und wieder gibt es so viel zu tun, was genau jetzt wichtiger zu sein scheint. Dadurch verschiebst du Träume möglicherweise immer wieder nach hinten, bis du irgendwann einmal Zeit für sie hast – oder sie schlichtweg vergisst. Du weißt zwar, dass da was war, aber da andere Sachen dringlicher erschienen und die Auswirkungen der Vernachlässigung deiner Träume nicht immer unmittelbar zu spüren sind, verfolgst du deine Wünsche nicht weiter.

Den Wünschen auf der Spur – ganz ohne schlechtes Gewissen

Es ist auch möglich, dass du zwar Wünsche wahrnimmst, aber Realität und Wunschvorstellung so weit auseinanderklaffen, dass du komplett entmutigt bereits das Handtuch wirfst, bevor du deinen Gedanken überhaupt zu Ende gedacht hast.

Menschen, die eine negative Weltsicht haben, tun sich meist schwer daran, sich Gutes überhaupt vorstellen zu können. Als geübte Schwarzmaler haben sie diese Fähigkeit einfach nicht trainiert. Das ist ungefähr so, als würde ein Fußballspieler, der bisher hauptsächlich seine Beine trainiert hat, plötzlich Hanteltraining betreiben wollen. Die Armmuskeln sind einfach nicht so ausgeprägt wie die Beinmuskeln, weil sie einfach viel weniger benutzt wurden. Wenn du dazu neigst, regelmäßig Horrorszenarien hoch zu beschwören, dich viel sorgst und eine pessimistische Weltsicht deinen Blick dominiert, dann kann sich das Träumen von Schönem vollkommen falsch anfühlen. Dein innerer Kritiker steht vermutlich schon mit der Schere bereit und schneidet alle kleinen Ideenpflänzchen – schnippschnapp – ab, bevor sie überhaupt blühen können.

Bei einer solchen Ausgangsbasis ist dein Durchhaltevermögen gefragt. Genau wie bei dem Fußballer steht für dich ein neues Training an. Es wäre viel zu viel, von dir selbst zu erwarten, dass du ab jetzt positiv denkst und dir dein Leben in bunten Farben ausmalst. Träumen und eine positive Lebensplanung wirken zu diesem Zeitpunkt vermutlich eher so, als würdest du dir in die Tasche lügen – falls du diese Gedanken überhaupt zulassen kannst. Fange kleinschrittig an: Minikleine, positive Veränderungen und ein konsequentes Umdenken können nach ein paar Wochen zu einer deutlichen Veränderung in deinem Denken führen. Dieser Prozess ist wirklich anstrengend und sollte von dir auch genau so viel Anerkennung bekommen, wie du dir für das Durchhalten eines harten Körpertrainings zollen würdest. Dass du träumen kannst – wenn auch eher in Richtung Albträume – hast du durch das jahrelange Ausmalen von Schreckensgeschichten ja schon bewiesen. Also ist es eine reine Lernsache, dich darauf zu programmieren, gute Sachen in deine Träume zu integrieren und deine Zukunft liebevoll und wohlwollend zu betrachten. Sei nachsichtig mit dir, wenn du bei diesem

Umlern-Programm mal ins Straucheln gerätst und freue dich über jeden kleinen Erfolg. Probiere nach einiger Zeit auch immer wieder aus, ob du dir jetzt vielleicht schon den einen oder anderen positiven Gedanken über deine Zukunft erlauben kannst oder ob sich da nicht doch langsam ein lang versteckter Lebenstraum aus seiner Deckung wagt.

Vielleicht erlebst du in ein paar ruhigen Minuten in deinem Alltag, etwa beim Warten an der Bushaltestelle oder bei der Runde mit dem Hund, dass sich da etwas in dir regt und von dir gesehen werden möchte. Aber du findest das albern und möglicherweise auch undankbar. Schließlich hast du es doch so gut und anderen Leuten geht es viel schlechter. Dabei bedeutet der Wunsch, etwas in deinem Leben ändern oder verbessern zu wollen, keineswegs, dass du das, was gut in deinem Leben ist, nicht zu schätzen weißt oder nicht mehr magst. Du brauchst dir keine Vorwürfe zu machen, wenn du nach außen scheinbar das perfekte Leben führst und trotzdem noch Lebensträume in dir spürst, die du dir ermöglichen möchtest.

Vielleicht ist dein Leben für dich nicht so erfüllend, wie dein Umfeld findet, dass es sein soll. Oder vielleicht ist es das, aber du möchtest trotzdem noch andere Sachen erleben. Du darfst mehr wollen! Das hat nichts mit Gier oder der Angst vor Mittelmäßigkeit zu tun, sondern mit dem menschlichen Bedürfnis nach Wachstum und Wandel. Du bist nicht maßlos, wenn du für dein Leben die Verantwortung übernimmst und versuchst, deine Träume in die Tat umzusetzen. Du nimmst auch niemand anderem etwas weg. Die Idee, dass einem Menschen nur eine bestimmte Portion Glück oder Gutes im Leben zusteht und er sich dann doch endlich mal zufriedengeben soll, haben leider viele in ihrer Kindheit vermittelt bekommen. Gerade Frauen wird oft gesagt, sie sollen doch bescheiden sein und sich mit dem, was sie haben zufriedengeben. Selbstverständlich ist es nicht gesund, sich immer nur nach einem anderen Leben zu sehnen und das eigene klein zu machen oder das bisher Gelebte nicht anzuerkennen. Aber Tagträumereien und das Angehen von Lebensträumen heißt ja nicht automatisch, dass du das schlecht machst, was aktuell vorhanden ist. Anerkennen, wo du aktuell stehst und mit dem arbeiten, was du hast – das wird dir deine Reise zu deinen Lebensträumen erleichtern und dir bereits auf dem Weg eine tiefe Zufriedenheit geben. Denn auch wenn die Grundbedürfnisse eines Menschen befriedigt sind, darf er doch nach Höherem streben, sich ausprobieren und seine eigenen Wünsche und Träume ernst nehmen. Und du darfst das auch!

Stell dir einfach mal folgende Fragen und achte darauf, ob eine Frage dich mehr berührt als die anderen. Was steckt dahinter? Lohnt es sich, da vielleicht nochmal ein wenig nachzuhaken? Vielleicht kannst du so bereits schon einige alte Wunden heilen und dir eine gute und stabile Basis für das Träumen und Visualisieren von deinen Herzenswünschen schaffen.

- Was mache ich, wenn ich im Alltag einen Sehnsuchtsgedanken habe?
- Erlaube ich mir Tagträumereien oder tue ich diese als unvernünftig und kindisch ab?
- Denke ich, mir stünde noch mehr Gutes im Leben nicht zu?
- Habe ich Angst davor, maßlos zu sein?
- Kann ich mich meinen Lebensträumen am Wochenende oder im Urlaub leichter nähern?
- Habe ich im Alltagsstress überhaupt Zeit, um über mich selbst nachzudenken?
- Denke ich eher über andere nach als über mich selbst?
- Befasse ich mich gerne mit mir und meinem Leben?

> **Anregungen für das Reflektieren anhand von Fragen:**
>
> Ein kleiner Hinweis für dich zur Arbeit mit den Fragen: Bei der Beantwortung der oben gestellten Fragen und auch bei denen, die in den kommenden Kapiteln auftauchen, gibt es kein richtig oder falsch, gut oder schlecht. Sie dienen als Gedankenanstoß und können dich beim Eintauchen in das Thema unterstützen. Achte beim Lesen der Fragen darauf, welche Gefühle in dir hochkommen und ob bestimmte Erinnerungen geweckt werden. Wenn du magst (und nicht gerade im Wartezimmer oder der U-Bahn sitzt), kannst du dir die Fragen auch laut vorlesen, um sie noch besser auf dich wirken zu lassen. Hat eine Frage so gar nichts mit dir und deinem Leben zu tun, überspringe sie einfach. Weckt eine Frage deinen Widerstand, kann es sich lohnen, einmal genauer hinzuschauen, statt einfach über sie hinweg zu gehen. Achte aber immer darauf, dass du dich gut fühlst und das Ganze nicht zu anstrengend für dich wird oder dich die Emotionen übermannen. Selbstfürsorge ist jetzt besonders wichtig.
>
> Die Antworten kannst du dir ganz nach Wunsch und Zeit einfach stillschweigend denken, laut aussprechen oder, wenn du Lust und Zeit hast, auch aufschreiben. Das Aufschreiben kann besonders hilfreich sein – siehst du deine Gedanken schwarz auf weiß, hat das meist noch eine ganz andere Wirkung.

Meine oder deine Träume? - Wie ich herausfinde, was wirklich von mir kommt

Wenn du dich mit dem Benennen deiner Lebensträume schwer tust, kann das unter anderem auch daran liegen, dass du dir vielleicht die Wünsche und Vorstellungen anderer Leute zu eigen gemacht und damit deine eigenen Ideen überdeckt

Kapitel 2 – Herzenswünsche und Lebensträume

hast. Bereits im Kindesalter wird unser Selbstbild durch Äußerungen und Meinungen von außen geprägt und Eigen- und Fremdwahrnehmung können stark auseinanderdriften. Was für uns und unser Leben gut ist, scheinen nicht nur wir, sondern auch unsere Eltern, Lehrer, Geschwister, Mitschüler, Freunde oder Lebenspartner zu wissen – im reiferen Alter auch gerne mal die eigenen Kinder. Keiner von uns lebt als Insel und zwischenmenschliche Interaktion ist für uns extrem wichtig. Aber sehr leicht geschieht es, dass wir die unausgesprochenen und auch klar von uns geforderten Wünsche unseres familiären und restlichen sozialen Umfelds verinnerlichen und als ausschlaggebender betrachten als unsere eigenen. Unser Mathelehrer in der Grundschule hat gesagt, wir könnten nicht rechnen – natürlich können wir da keine Ausbildung im Wirtschaftsbereich anstreben. In der Musikschule wurde uns jegliches Rhythmusgefühl abgesprochen? Was für ein lächerlicher Gedanke, immer noch ein Instrument erlernen oder im Chor singen zu wollen. Die Eltern haben alles dafür gegeben, dass du eine gute Ausbildung genießen konntest und trotzdem möchtest du eigentlich in eine andere Stadt ziehen und etwas ganz anderes machen? Wie undankbar!

Eigenschaften, die uns im Kinder- und Jugendalter zugesprochen wurden, hinterfragen wir selten, sondern lassen sie schnell zur vermeintlichen Realität werden, die auch unseren Weg als Erwachsene beeinflusst. Das muss keinesfalls in böser Absicht geschehen sein. Deine Eltern wollten schließlich nur das Beste für dich und dich vor Fehlern und Verletzungen bewahren. Das ist verständlich und nun einmal das, was Eltern so tun. Aber du bist für dich als Erwachsene bzw. Erwachsener selbst verantwortlich und solltest bei deiner Bestandsaufnahme genau hingucken: Lebst du das Leben, das du dir für dich ausgedacht hast oder das, das liebe Menschen aus deinem Umfeld sich für dich gewünscht haben? Gibt es in deinem Leben Menschen, die dir immer wieder nahelegen, was gut für dich ist und die über deinen Kopf hinweg entscheiden oder dich in ihre

Entscheidungsprozesse mit einbinden, ohne dich vorher zu fragen? Das können die Schwiegereltern sein, die euch bei jedem Besuch mit den Worten „Wir freuen uns ja schon so auf ein Enkelkind. Lasst euch aber nicht zu viel Zeit!" begrüßen oder die beste Freundin, die immer wieder SMS schickt, mit Inhalten wie: „Kann ich mir nachher dein blaues Kleid ausleihen? Danke, du bist die Beste! Ich komme um 5 vorbei!" Wirst du vor vollendete Tatsachen gestellt und fehlt dir dann die Kraft zu protestieren? Ist es dir unangenehm, weil du Angst hast, Leute vor den Kopf zu stoßen, wenn du klar deine Meinung äußerst? Machst du das, was du wirklich von Herzen möchtest, oder erfüllst du Rollen, die du glaubst, in dieser Gesellschaft erfüllen zu müssen? Denkst du, es gehört sich nicht, dich auf eine bestimmte Art zu verhalten, wenn du doch diese oder jene Geschlechtsidentität oder dieses oder jenes Alter hast? Fürchtest du um deine Position in der Gesellschaft, wenn du bestimmte Dinge, die dir eigentlich gar nicht entsprechen, aufgibst?

Es ist manchmal gar nicht so leicht, herauszufinden, welche Träume wirklich deine eigenen sind und welche bedingt durch internalisierte Muster durch gesellschaftliche oder familiäre Erwartungen an dich herangetragen wurden. Gerade die Äußerungen von Autoritätspersonen speichern wir wie nebenbei im Unterbewusstsein ab, ohne sie zu hinterfragen und dort arbeiten sie dann über Jahre in dir und werden zu einer Art Alltagsgesetz – aber vielleicht stimmen sie gar nicht. Viele von uns haben über all die Jahre verlernt, auf ihre eigene Stimme zu hören. Insbesondere dann, wenn wir von sehr dominanten Personen umgeben sind.

> *Anregungen für das Reflektieren anhand von Fragen:*
>
> Nimm dir Zeit, die folgenden Fragen zu beantworten und begegne dir und deinen Wünschen dabei respektvoll und mit liebevollem Verständnis. Behalte auch im Hinterkopf, dass dein Umfeld möglicherweise gar nicht wusste, welche Auswirkungen bestimmte Äußerungen auf dich hatten. Steigen Emotionen wie Trauer oder Wut auf, nimm sie achtsam wahr, aber versuche nicht, in Vorwürfe oder Verbitterung zu verfallen. Freue dich stattdessen darüber, dass du Muster erkannt hast und jetzt das Ruder selbst in die Hand nimmst.

Vielleicht helfen dir Fragen wie:

- Welche Äußerungen hast du als Kind oft über dich gehört?
- Wie war das als Jugendliche?
- Haben deine Eltern oder andere Personen dir klar gesagt, was sie von dir in puncto Lebensführung erwarten?
- Kommen immer wieder versteckte Aufforderungen von deinen Mitmenschen?
- Hältst du deine Träume für weniger wichtig als die der anderen?
- Gibst du vielleicht gern die Kontrolle ab, um dich nicht selbst der Verantwortung zu stellen?

Kindermund tut Wahrheit kund – erinnern dich, was dir als Kind wichtig war, bevor du deine Träume mit der Realität abgeglichen hast. Als Kinder stecken wir voller Träume und Phantasie. Dein achtjähriges Ich wird sich beim Träumen vermutlich nicht selbst begrenzt und zensiert haben. Ballerina, Bibliothekar, Maler, Tierärztin oder Weihnachtsmann, Mama, Papa, Forscherin, Hundebesitzerin, Weltreisender oder Millionär – die Ideen, was mal aus einem werden soll, wenn man groß ist, sprudeln bis zu einem gewissen Alter nur so aus einem heraus. Sie können sich im Laufe der Kindheit auch mal rasant ändern und so wird aus dem Maler der Weihnachtsmann und dann der Polizist.

Bei vielen Menschen zeigt sich aber bereits im frühen Alter eine gewisse Richtung, in die es gehen soll, bedingt durch Persönlichkeitsmerkmale und die eigenen Erfahrungen und Vorlieben. Du warst schon immer gerne für dich, bist in Bücherwelten versunken und hast davon geträumt, mitten auf dem Land zu wohnen, zwingst dich jetzt aber zu einem Leben in der Großstadt, weil das halt zum Studium dazu gehört? Als Kind hast du nichts mehr geliebt, als Leute zu unterhalten, konntest stundenlang Quatsch machen, warst der Star jeder Schultheateraufführung und jetzt arbeitest du in einem sicheren Beruf, der dir aber keine Möglichkeit zur Entfaltung deiner Kreativität gibt?

Hier driften kindliche Wunschvorstellung und spätere Realität deutlich auseinander. Das kann damit zusammenhängen, dass wir uns verändern und somit auch unsere Wünsche andere werden; aber auch damit, dass wir uns bestimmte Wünsche als Erwachsene einfach nicht mehr gestatten. Stattdessen versuchen wir, vernünftig zu sein und rational zu denken. Bis zu einem gewissen Alter haben es die Träume und Wünsche bei uns noch nicht so schwer: Wir können sie noch nicht wirklich mit der Realität abgleichen und haben keine Ahnung von finanziellen oder anderen Beschränkungen. Wir träumen groß, malen über den Rand hinaus und gestalten das Leben bunt und intensiv. Das ist ganz normal. Und es ist auch normal, dass du mit dem Alter ein Sicherheitsdenken entwickelst und Entscheidungen eher mit Weitblick triffst und schaust, was sich ganz praktisch in deinem Alltag umsetzen lässt. Gehst du allerdings zu verkopft an alles heran, beraubst du dich um eine herrlich kindliche – nicht kindische – Leichtigkeit.

Natürlich erwartet niemand von dir, dass du jetzt alles stehen und liegen lässt, um die nächste Pippi Langstrumpf zu werden oder in eine Einhornzucht zu investieren – aber es lohnt sich durchaus, bei deiner Bestandsaufnahme auch einmal in der Zeit zurückzuwandern: Die Dinge, die lange bei einem waren und es immer noch sind, sollten vielleicht auch Teil dessen werden, was man wird.

Klar, jetzt hast du deutlich mehr Verpflichtungen und dein Leben ist viel voller und stressiger – aber ist es deswegen besser? Ja, du musst die Rechnungen zahlen und dich mit Erwachsenenkram wie Versicherungen, Steuern zahlen und dem Arbeitswahnsinn abgeben – aber auch dann darfst du deinem inneren Kind und dem Spiel Raum in deinem Leben geben.

Psychologen nutzen die Arbeit mit dem Inneren Kind, also den Erlebniswelten aus der Kindheit, in therapeutischen Verfahren unter anderem dafür, positive Erfahrungen aus diesem Zeitraum ins Bewusstsein zurück zu holen. Diese können dann als Ressource oder Kraftquelle für dein aktuelles Leben als Erwachsene verwendet werden. Hast du als erwachsener Mensch eine liebevolle Verbindung zwischen kindlichen und erwachsenen Anteilen geschaffen, kannst du die für dich nicht passenden Glaubenssätze und Lebensvorstellungen loslassen und selbst die Verantwortung für dein Glück übernehmen. Dadurch bist du weniger abhängig und deutlich freier von der Meinung und der Zuwendung anderer.

Vor allem für Personen, die gerne die Kontrolle abgeben, anfällig für ungesunde Beziehungsdynamiken sind und sich leicht von anderen abhängig machen, kann es hilfreich sein, sich als starken Menschen wahrzunehmen, der sich um die Erfüllung seiner Bedürfnisse und Wünsche selbst kümmern kann. Wenn du für dich selbst sorgen kannst, begegnest du anderen Menschen auf Augenhöhe und bist nicht von ihrer Gunst abhängig. Das verschafft auch deinen Liebsten mehr Luft. Wenn du dich in dein

„Hätte ich mal..."

jüngeres Ich versetzt – vielleicht ins Kindergartenalter, wenn du dich daran noch erinnern kannst; oder in die Grundschulzeit – was kommen dann für Erinnerungen hoch?

> **Anregungen für das Reflektieren anhand von Fragen:**
>
> Stell dir einige der folgenden Fragen, um dich deinen Wünschen von damals zu nähern. Ganz wichtig dabei: Nicht jeder von uns erinnert sich gerne an seine Kindheit zurück und meint, das wäre die beste oder unbeschwerteste Zeit des Lebens gewesen. Wenn du eine schwierige Kindheit hattest, gehe sehr achtsam mit dir um, wenn du die Fragen trotzdem beantworten möchtest und gönne dir nötige Pausen. Verurteile dich nicht für aufkommende Gefühle und gib dir die Chance, die positiven Erinnerungen an die Oberfläche treten zu lassen.

- Gibt es Hobbys, die dich schon dein Leben lang begleiten?
- Was war dein größter Wunsch, als du acht Jahre alt warst?
- Welchen Beruf wolltest du als Kindergartenkind, welchen als Schulkind ergreifen?
- Gibt es Wünsche, die sich in immer wieder neuem Gewand präsentieren, aber sich eigentlich um das gleiche Thema drehen?
- Als was wolltest du dich zum Karneval verkleiden?
- Gibt es Rollen, in die du beim Spielen gerne und immer wieder geschlüpft bist – etwa Papa, Tierärztin oder Lehrer?

Kapitel 2 – Herzenswünsche und Lebensträume

- Gibt es vielleicht Bilder, die du als Kind von dir als Erwachsene gemalt hast? Was war darauf zu sehen? Wo hast du gelebt und wer war an deiner Seite? Wie hast du dir dein Leben als Erwachsene vorgestellt?

Wenn du jetzt zwar alle bisherigen Seiten gelesen hast, bei den Fragen aber nicht wirklich weitergekommen bist, dich nicht erinnern kannst oder möchtest oder wie vor einer weißen Wand stehst, ist das nicht schlimm. Vielleicht sind nicht mehr alle Erinnerungen präsent, vielleicht haben sie dir einen Schubs in die richtige Richtung gegeben, aber du bist dir trotzdem unsicher, ob das jetzt wirklich dabei geholfen hat, genau die Wünsche zu benennen, die deine absoluten Herzenswünsche sind?

In einem späteren Kapitel im Buch findest du zahlreiche Übungen, mit denen du dich deinen Lebensträumen aus verschiedenen Richtungen nähern kannst und die dich dabei unterstützen können, deinen Weg zu finden. Vorab lohnt es sich aber, einen Blick auf das zu werfen, was andere sagen. Klingt das zunächst vielleicht etwas kontraproduktiv – schließlich hast du ja gerade erst versucht herauszufinden, was wirklich deine eigenen Wünsche sind und was die der anderen – kann es in der Tat sehr hilfreich sein, auch Anregungen von außen zuzulassen. Werte sind in einer Gesellschaft meist erstaunlich einheitlich, wenn es um die Kernaspekte geht und auch die, die das meiste ihres Lebens schon hinter sich haben, sind sich überraschend einig, um was es im Leben geht und was sie in ihrem Leben bereuen.

Kapitel 3 – Werte einer Gesellschaft und Sterbende als Lehrmeister

„Erfahrung ist eine strenge Lehrmeisterin. Sie stellt zunächst die Prüfungsaufgaben und beginnt hernach mit dem Unterricht." Das Sprichwort umreißt sehr gut, dass es rückblickend meist leichter erscheint, Situationen zu überblicken und das eigene Handeln und Fühlen zu verstehen. Häufig sind mit einer Rückschau aber auch Emotionen wie Wehmut oder Reue verbunden, denn vermeintliche Fehltritte, verpasste Chancen und Fehlentscheidungen können ein Leben weitreichend verändern. Entscheidungen kommen immer mit einem Preis. Wer sich für etwas entscheidet, entscheidet sich zur gleichen Zeit gegen etwas anderes und hier besteht die Gefahr, dass wir dem vermeintlich besseren hinterher trauern. Es gibt natürlich auch berechtigtes Bedauern, wenn Menschen am Lebensende Rückschau halten und feststellen müssen, dass sie bestimmte Teile ihres Lebens nicht so gelebt haben, wie es eigentlich ihrem Naturell entsprochen hätte. Viele Menschen haben sich mit diesem Thema auseinandergesetzt und die Erfahrungen alter Personen oder Sterbender gesammelt. „Von den Alten lernen", „10 Dinge, die für eine lange Ehe wichtig sind", „Rat von 100-Jährigen" – all diese Überschriften begegnen uns in Artikeln oder auf Buchcovern.

Steht ein Mensch am Ende seines Lebens, schärft das seinen Blick auf das Wesentliche – und erstaunlicherweise decken sich die Ergebnisse der verschiedenen Umfragen und Interviews, die auf der ganzen Welt mit Sterbenden geführt wurden, in einigen Punkten klar und deutlich. Von Sterbenden zu lernen mag auf den ersten Blick morbide und wenig lebenspraktisch wirken – doch Aspekte, die Sterbende bereuen, können uns Lebenden als klar formulierte Richtungsweiser dienen, wenn es darum geht, das eigene Leben so zu gestalten, dass wir irgendwann ohne Reue diese Welt verlassen können. Findest du es unheimlich, dich diesem Thema von dieser Seite her zu nähern – vielleicht weil du in deinem Leben bisher noch wenig Berührungspunkte mit dem Tod hattest oder aus anderen Gründen – kannst du dich natürlich auch mit den Lebensweisheiten von sehr alten Menschen befassen.

Kann ich durch die Erinnerungen anderer meinen Weg finden?

Aber kannst du überhaupt auf die Erinnerungen und Bewertungen anderer vertrauen? Sind alte Menschen nicht immer genau jene, die in ihrer Erinnerung die alten Zeiten verklären und auf Aktuelles schimpfen? Würdest du nur mit einer einzelnen Person sprechen, müsstest du dir natürlich schon vor Augen halten, dass die Erinnerung durch vielerlei Einflüsse und Aspekte subjektiv verzerrt sein kann.

Laut der Peak-End-Rule von Barbara Fredrickson und Daniel Kahnemann erinnern sich Menschen immer nur an dem schönsten und schlimmsten Moment eines Ereignisses, sowie das Ende. Der Peak ist der absolute Höhepunkt – im Urlaub beispielsweise der Besuch einer fantastischen Burganlage oder das Sichten von Walen bei der Bootstour. Besonders schlimm war der Streit mit den Zimmernachbarn oder die Seekrankheit auf der Rückfahrt. Der Endmoment des Erlebnisses ist genauso wichtig für die Bewertung und die Erinnerung daran. Du kennst das sicher: Du hattest einen tollen romantischen Abend und alles war perfekt – von der Wahl des Lokals über das Essen bis zum Kinofilm. Aber dann streitet ihr euch im Taxi über eine Kleinigkeit und mit einem Mal erscheint einem der ganze Abend in einem schlechten Licht und die gute Stimmung ist dahin. Andersrum funktioniert das Ganze auch: Dein ganzer Tag war durch und durch bescheiden, aber dann überrascht dich der Abend mit einer tollen Kleinigkeit und plötzlich kannst du den ganzen Tag deutlich versöhnlicher betrachten. Allerdings nicht mit so starken Auswirkungen - wie gesagt, das Schlechte merken wir Menschen uns evolutionsbedingt leider einfach besser.

Aus dem Höhepunkt, dem Tiefpunkt und dem Abschluss eines Erlebnisses wird dann die Bewertung für die gesamte Situation getroffen. Daher können Menschen aus der Vergangenheit nur sehr begrenzt Schlüsse für die Zukunft ziehen, weil ihre Erinnerung an vergangene Ereignisse systematisch verzerrt ist. Zudem werden laut der sogenannten Prospekt-Theorie empfundene Verluste immer stärker gewichtet als Gewinne - ja, auch hier greift wieder das alte Spiel, dass wir uns Negatives stärker einprägen und es gravierender auf uns wirkt - sodass in der Rückschau betrachtete Versäumnisse als besonders drastisch und einschneidend wahrgenommen werden. Als außenstehende Person kannst du aber dennoch von den Erfahrungen und Erinnerungen anderer Leute profitieren. Die Autoren der Bücher und Artikel zu dem Thema „Was wir von Sterbenden lernen können" oder zum Thema „Lebensweisheiten von 100-Jährigen" haben mit vielen, in ganz unterschiedlichen sozialen Situationen lebenden Menschen gesprochen. Sie konnten somit auf einen großen Erfahrungsschatz zugreifen und die Aussagen der vielen geführten Interviews miteinander vergleichen.

Bei den Gesprächen konnten die Autoren trotz der unterschiedlichen Lebenssituationen und Voraussetzungen der Befragten deutliche Übereinstimmungen feststellen, die alle Personen der befragten Gruppe betreffen - unabhängig von deren subjektiver Sichtweise. Daher eignen sich diese Äußerungen trotz der Schwierigkeiten, die Menschen beim objektiven Erinnern von Erlebnissen haben, sehr gut als Hinweise oder Orientierung bei deiner Suche nach den eigenen Werten und Wünschen.

Somit kann nicht nur die eigene Endlichkeit zum Umdenken bewegen, sondern es ist auch möglich, von Sterbenden zu lernen und den Erfahrungsschatz derer, die das Leben auf Erden beenden müssen, für die eigene Lebensgestaltung zu nutzen.

Die fünf Hauptthemen, die Menschen am meisten am Lebensende bereuen

Sterbende formulierten bei den Befragungen überwiegend fünf Hauptthemen, die bei einer Rückschau auf das geführte Leben Anlass für Reue gaben:

- Selbsttreue / Authentizität
- Work-Life-Balance
- Ausdruck von Gefühlen
- Vernachlässigung von Beziehungen
- nicht gelebte Lebensfreude

Diese Selbsterkenntnis, die in Sterbenden ein Gefühl von Wehmut und Reue erzeugt, kannst du auf positive Weise für dich nutzen. Indem du dir selber immer wieder anhand dieser Liste in Erinnerung rufst, wo du deine Lebensschwerpunkte setzen möchtest, schärfst du deinen Blick für die Art, wie du dein Leben führst. Du kannst die Erkenntnisse auch als Anregung und Startschuss nutzen, dich überhaupt selber auf den Weg zu machen und dein eigenes Leben dahingehend zu überprüfen, ob du ähnlichen Verhaltensmustern unterliegst. Kann es sein, dass dir in deinem Alltag bereits eines der genannten Themen oder gleich mehrere begegnen? Vielleicht ist dir gar nicht so bewusst, dass sich schon bestimmte Aspekte eingeschlichen haben, die auch bei dir eines Tages zu Reuegefühlen führen könnten?

Wenn du weißt, worauf du achten solltest und in welche Muster du leicht verfällst, kann es dir leichter gelingen, diese zu umgehen und deine Kraft darin zu investieren, das Leben zu führen, das wirklich dir entspricht.

Selbsttreue / Authentizität – zu dir selbst stehen

Laut dem Dorsch Lexikon der Psychologie bedeutet authentisch zu sein, dass die Person sich entsprechend ihres wahren Selbst verhält und ausdrückt. Das wahre Selbst umfasst die Werte, Überzeugungen, Emotionen, Gedanken und Bedürfnisse dieser Person. Dabei kann es durchaus sein, dass die Person, die sich authentisch verhält, je nach sozialem Kontext ein anderes Verhalten an den Tag legt, solange es dem wahren Selbst entspricht. Das Wort leitet sich vom griechischen „authentikos" ab, das so viel wie „unverfälscht" oder „echt" bedeutet. Der authentische Mensch lebt, fühlt und zeigt sich unverfälscht und bewahrt somit immer seine Selbsttreue, statt sein Fähnlein nach dem Winde zu hängen und sich so zu verhalten, wie es am wenigsten Gegenwehr gibt. Er weiß, was er will und welche Werte er bereit ist, zu verteidigen und positioniert sich so ganz klar und stark in der Gesellschaft.

Würdest du dich als authentischen Mensch bezeichnen, oder fällt es dir im Alltag schwer, dir selbst treu zu bleiben? Oftmals liegt der Grund, warum wir uns verstellen darin, dass der Wunsch nach Liebe und Anerkennung größer ist als der, die eigene Wahrheit zu leben. Wir Menschen sind soziale Wesen; Zuneigung und zwischenmenschliche Interaktion sind lebensnotwendig für uns. Wenn wir unsere soziale Position geschwächt oder bedroht wähnen, greifen wir mitunter zu drastischen Mitteln, um bei unserer Peer-Group besser dazustehen. So wie Teenager in der

Hoffnung, endlich cool zu sein und dazuzugehören, die erste Zigarette mit den Älteren mitrauchen, obwohl sie eigentlich gar nicht wollen und es ihnen nicht mal schmeckt, sondern stattdessen auch noch gesundheitlich schadet, so können auch wir Erwachsene uns zu Äußerungen und Handlungen verleiten lassen, die eigentlich gar nicht mit unseren persönlichen Werten und Auffassungen übereinstimmen.

Hast du schon mal erlebt, dass die Kollegen über ein Teammitglied gelästert haben und du, als du darauf angesprochen wurdest, einfach nur still dagestanden oder sogar selbst einen gemeinen Spruch gerissen hast – obwohl du nichts gegen die betroffene Person hast? Oder du hast bei einem geschmacklosen Witz gegen Minderheiten mitgelacht, einfach deswegen, weil alle lachten und du nicht aus der Rolle fallen wolltest? Gefühlter Gruppendruck und offen gelebter Gruppenzwang sind keinesfalls Dinge, die wir mit dem Abschluss der Schulausbildung hinter uns lassen. Stattdessen begegnen uns diese unangenehmen Situationen auch im Berufsleben, im Sportverein oder bei der Elternversammlung – einfach überall dort, wo regelmäßig verschiedene Menschen zusammenkommen. Gerade wenn wir neu sind und Anschluss suchen, ist es schwierig, sich gegen diesen Gruppendruck zu stellen und zu seiner eigenen Meinung und zu seinen eigenen Werten zu stehen. Die Angst, aus der Gruppe ausgeschlossen zu werden – selbst wenn wir die Gesellschaft der einzelnen Gruppenmitglieder gar nicht so sehr genießen – besteht und macht das Eintreten für die eigenen Grundsätze manchmal unglaublich schwer.

Falsche Rücksichtnahme und ihre Folgen

Wir möchten nicht auffallen, nicht die schwierige Person im Team sein. Keiner ist gerne der Spielverderber und wenn alle lachen, ist es ja vielleicht auch gar nicht so schlimm. Diese Annahme führt regelmäßig dazu, dass die Mehrheit einer Gruppe

Kapitel 3 – Werte einer Gesellschaft und Sterbende als Lehrmeister

gegen ihren Willen handelt, in der Annahme, dass dann der Frieden gewahrt bleibt. Keines der Gruppenmitglieder möchte dem allgemeinen Bemühen um Konformität zuwider handeln und die etablierte Gruppendynamik stören oder gefährden. Dies muss nicht nur in Gruppen geschehen, sondern kann auch im kleinen Kreis passieren: Ein Paar frühstückt das erste Mal gemeinsam und die Frühstückseier gelingen nicht und sind steinhart. Um die Person, die sie gekocht hat, nicht zu beschämen, sagt die andere Person, dass sie ihre Eier so am liebsten isst und deshalb werden die Eier ab jetzt immer so gekocht – obwohl weder der Koch noch der Bekochte ihre Eier auf diese Weise mögen. Keiner möchte den anderen brüskieren oder die Harmonie dieses kleinen sozialen Geflechts stören.

Natürlich ist die Frage, wie du dein Frühstücksei bevorzugst, vielleicht nicht ganz so essentiell wie die, ob du Ungerechtigkeit oder Mobbing entgegen trittst oder deine Werte verheimlichst, nur um in einer Gruppe gut anzukommen. Aber es macht deutlich, dass dieses Verhalten zur Entfremdung führt. Da du dir nicht selbst treu bleibst, entfremdest du dich Stück für Stück von dir und du gibst den Leuten, die mit dir interagieren, auch nicht die Chance, dein eigentliches, dein wahres Selbst zu sehen. Wenn die Ehepartner aus dem Eier-Beispiel sich nach 40 Jahren Ehe gestehen, dass sie beide am liebsten weich gekochte Eier mögen, lachen sie im besten Fall darüber. Im schlimmsten Fall fühlen sie sich von dem anderen betrogen und fragen sich, in welchen Aspekten der jeweils andere auch nicht sein wahres Gesicht gezeigt hat. Zudem bleibt die Frage offen, ob es wirklich erstrebenswert ist, sich durch Verstellen einen Vorteil zu verschaffen. Kannst du die Position oder die Freundschaft, die du dadurch erworben hast, wirklich genießen, wenn du im Inneren weißt, dass sie nicht wirklich dir gilt, sondern einer Person, die du nur vorgibst zu sein und deren Aufrechterhaltung wirklich anstrengend sein kann?

Erwartungen von außen und was sie für unsere Selbsttreue bedeuten können

Der nächste Punkt geht Hand in Hand mit den im vorherigen Abschnitt erwähnten Aspekten. Ein Verstellen deiner Person kann nicht nur von dir selbst ausgehen, um dir etwa soziale oder berufliche Vorteile zu verschaffen oder um in einer Gruppe akzeptiert zu werden und Anschluss zu finden, sondern es kann auch durch Druck von außen geschehen.

Vielleicht hast du schon mal gehört, wie ein Elternteil seinem Kind gesagt hat, es solle sich weiblicher oder männlicher verhalten: „Ein richtiger Junge weint nicht! Ein gutes Mädchen rauft doch nicht so wild!" Oder aber du hast es selbst erlebt, dass dir bestimmte Emotionen oder Verhaltensweisen vorgeschrieben wurden:

„Gleich kommt die Tante Grit, der gibst du ein Küsschen, egal, ob du willst oder nicht. Du willst die Tante doch nicht traurig machen?"

„Große Kinder weinen doch nicht, wenn es auf Klassenfahrt geht. Schau, die anderen Kinder freuen sich doch auch alle! Du willst doch kein Baby mehr sein, oder?"

„Jetzt lach doch mal und geh mehr auf die anderen Kinder zu! Sei nicht so schüchtern, sonst wirst du noch ein richtiges Mauerblümchen. Ich war in deinem Alter nicht so!"

„Du willst in die Theater-AG? So einen Firlefanz gibt es in unserer Familie nicht. Alle deine Geschwister sind beim Sport erfolgreich! Du musst auch mal was machen! Nur so lernst du, was Disziplin bedeutet!"

Und so küssen wir die Tante gegen unseren Willen, schlucken die Tränen und verheimlichen unser Heimweh, zwingen uns zu Kontakten, die wir vielleicht gar nicht wollen und betreiben Leistungssport, obwohl unser Herz für die schönen Künste schlägt. In diesem Fall bleiben wir uns nicht aus Bequemlichkeit nicht selbst treu, sondern auch hier spielt wieder der Wunsch nach Akzeptanz eine große Rolle. Gerade wenn Eltern und

Kapitel 3 – Werte einer Gesellschaft und Sterbende als Lehrmeister

ältere Autoritäten in unserem frühen Leben von uns fordern, uns entgegen unseres Naturells zu verhalten, kann das dazu führen, dass wir die Ansprüche und den Druck von außen blind übernehmen und zu unserer eigenen Wahrheit machen.

Du bist doch schon immer zum Basketball gegangen, genau wie deine Brüder – wieso sollte es dir keinen Spaß mehr machen? Langjährige Strukturen zu hinterfragen, erfordert Mut und Weitsicht und ist sehr anstrengend. Die Gefahr, hier nicht nur gegen die Gruppe, sondern gegen die eigenen Eltern zu rebellieren und damit auf Widerstand zu stoßen, ist groß und kann furchteinflößend sein. Wirst du mit anderen verglichen, möchtest du vielleicht auch gerne dein Umfeld zufriedenstellen und tust alles dafür, um dem Druck von außen stand zu halten und dieses Ziel, welches nicht deines ist, sondern dir von außen übergestülpt wurde, zu erreichen. Du bist ein Produkt deiner Umwelt und vor allem als junger Mensch sehr formbar. Konntest du kein stabiles Selbstbewusstsein ausbilden, kann es dir auch noch als erwachsene Person passieren, dass du dich von deiner Umgebung anstecken lässt und dich ihr anpasst. Um weniger aufzufallen, um akzeptiert zu werden, um aufzusteigen. Entspricht dein Umfeld deinen Wünschen und Werten, ist das nicht weiter schlimm, sondern kann dich motivieren und mitreißen. Findest du dich allerdings in einem Umfeld wieder, in dem deine persönlichen Wünsche und Werte nicht zählen, entfernst du dich von ihnen und musst dich womöglich verstellen, um akzeptiert zu werden.

Wenn du zu den Leuten gehörst, die ihr Glück überwiegend im Außen suchen, bist du abhängig von externen Faktoren. Diese kannst du nicht wirklich beeinflussen – du hast keine Kontrolle darüber, wie du bei Personen ankommst, was diese denken, fühlen, sagen oder machen werden. Wenn du versuchst, die Personen zu beeinflussen oder zufrieden zu stellen, indem du dich anders verhältst, musst du immer auf der Hut sein und kannst das Leben nie einfach nur passieren lassen oder genießen. Klingt ganz schön anstrengend, oder?

Selbsttreue - gar nicht immer so leicht, aber lohnenswert

Damit ist die Idee, dass du dich nur so und so verhalten müsstest, damit die Anderen dich mögen und akzeptieren und dann wäre das Leben leichter, nicht zielführend. Auch in diesem Fall wirst du dich konsequent anstrengen müssen und immer auf das, was du tust und sagst Acht geben. Das stetige Rollenspiel wird vielleicht dazu führen, dass die Rolle wie eine zweite Haut wird, die du automatisch spielen kannst. Aber tief in dir wirst du eine Dissonanz fühlen, weil das Außen einfach nicht zum Innen passt. Natürlich braucht es immer wieder eine gehörige Portion Mut für die Lebensführung nach eigenen Regeln – aber klingt es denn nicht viel erfüllender, dem eigenen Herzen treu zu bleiben?

Kommt der Druck, dem Prinzip von Selbsttreue nicht gerecht zu bleiben, von außen oder von dir selbst? Versuche Mitgefühl für das Unverständnis von außen zu haben, wenn du anfängst, deine eigene Wahrheit zu leben. Auf diese Weise musst du dich nicht allzu sehr darüber ärgern und kannst den Menschen immer wieder positiv entgegentreten und ihnen Zeit geben, dich so, wie du wirklich bist, kennenzulernen und zu akzeptieren. Tritt der schlimmste annehmbare Umstand ein und Menschen akzeptieren dich so nicht mehr, werden andere Leute in dein Leben treten, die dein wirkliches Selbst zu schätzen wissen und du kannst das wunderbare Gefühl der Selbstachtung genießen, dass dir die Stärke geben wird, diese Situation mit Würde zu überstehen.

Übrigens ist das ein positiver Selbstläufer: Hast du mehr Selbstachtung, lässt du dich weniger dazu verleiten, dich in für dich ungesunde Situationen zu bringen und ziehst dadurch auch mehr angenehme Begegnungen und Erlebnisse in dein Leben.

Kapitel 3 – Werte einer Gesellschaft und Sterbende als Lehrmeister

> *Anregungen für das Reflektieren anhand von Fragen:*
>
> Wenn du bemerkst, dass beim Lesen dieses Abschnittes etwas in dir angesprochen wird, lohnt es sich, dich mit folgenden Fragen zu beschäftigen. Steigen Fragen in dir auf, die deine Liebsten betreffen, kannst du sie natürlich gerne einbinden. Vielleicht fragst du deinen Herzensmensch, ob er dich als authentisch wahrnimmt oder du suchst das Gespräch mit deiner besten Freundin oder deinem besten Freund.

- Was bedeutet dir Selbsttreue?
- In welchen Bereichen deines Lebens fällt es dir schwer, dir selbst treu zu bleiben? Ist dies eher im beruflichen oder privaten Umfeld der Fall?
- Hast du den Eindruck, dass es dir dein Umfeld krummnehmen würde, wenn du dein Leben mit mehr Authentizität lebst?
- Neigst du dazu, dich aus Bequemlichkeit nach anderen zu richten und stellst du diese über das Gefühl, dir selbst treu zu bleiben?
- Verletzt du deine Selbsttreue gezielt, um dir einen Vorteil zu schaffen? Lohnt sich dieser, wenn du das große Ganze betrachtest oder hättest du ein besseres Gefühl, wenn du authentisch handelst?

Im Gleichgewicht bleiben – die berühmte Work-Life-Balance

Das Gleichgewicht zwischen Arbeits- und Privatleben zu halten, ist für die meisten von uns schwer – entweder, weil wir sehr gerne arbeiten und es uns leicht fällt uns mit unserer Arbeit zu identifizieren oder aber, weil uns unsere finanzielle Situation dazu drängt, einen Großteil unseres Daseins zu arbeiten.

Wenn du zu den Leuten gehörst, die gerne arbeiten, fällt es dir möglicherweise gar nicht auf, dass du diesem Teil deines Lebens deutlich mehr Aufmerksamkeit schenkst als anderen Bereichen. Viele von uns antworten auf die Frage, was sie sind, mit dem Beruf, den sie ausüben: Ich bin Maler! Ich bin Lehrerin! Ich bin Anwältin! Ich bin Kassierer!

Vor allem, wenn du einer schöpferischen Arbeit nachgehst, kann diese identitätsstiftend sein und es passiert relativ leicht, dass du dich von deiner Tätigkeit vollkommen vereinnahmen lässt. Zudem kann deine Arbeit dich als Person maßgeblich beeinflussen. Immerhin verbringen viele Leute mehr aktive Zeit an ihrem Arbeitsplatz als mit ihrer Familie oder ihren Freunden. Wenn du aber vor lauter Arbeit keine Ahnung mehr hast, welches Kind bei der Schulaufführung eigentlich deines ist, du keine Zeit für Sport und Entspannung hast und deinen Partner mit etwas Glück beim jährlichen Firmenball siehst, weil dann auch die Familie der Angestellten eingeladen ist – dann sollte dir klar sein, dass da wahrscheinlich etwas ganz gewaltig aus dem Ruder gelaufen ist.

Kommen dir Gedanken wie „Ich muss doch aber arbeiten, schließlich möchte ich finanziell unabhängig sein!", „Ich bin gut in meinem Beruf und ich möchte ganz an die Spitze!", „Wer was erreichen möchte, muss auch was dafür tun!", ist das verständlich. Die Verbesserung deiner Work-Life-Balance bedeutet nicht, dass du ab jetzt die Hände in den Schoß legen sollst. Niemand wird von dir verlangen, dass du deine Karriere aufgibst oder dass du deine finanzielle Sicherheit aufs Spiel setzt. Natürlich gibt es Phasen im Leben, in denen ein Lebensbereich stärker in den Vordergrund tritt als andere: Hast du eine neue Stelle und befindest dich in der Probezeit, musst du alle Abläufe neu lernen und viel Zeit investieren, um dich zurecht zu finden. Auch in der Endphase eines größeren Projektes ist es vollkommen normal, dass der Arbeitsalltag dich mehr beansprucht und du auch gedanklich immer wieder dahin abwanderst.

Ist dieser Umstand allerdings die Regel und du kümmerst dich weder um deine Familie noch um deine Freunde, deine Gesundheit, deine Erholung oder andere Interessen, schränkst du dein Leben sehr ein. So viel Erfüllung du durch die Arbeit auch erfahren magst, beraubst du dich doch um viele andere Erlebnisse, die dein Glück noch facettenreicher gestalten.

Zu viel Arbeit – was macht das mit meinen Beziehungen?

Viele Sterbende blicken am Ende ihres Lebens zurück und müssen feststellen, dass sie sich um viele besondere Ereignisse und vor allem tiefe Beziehungen beraubt haben, weil sie ihre Zeit nur der Arbeit gewidmet haben. Sicher sind auch die verpassten Reisen, Lernmöglichkeiten oder die persönliche Entwicklung ein Thema, aber vor allem die Beziehungen, die unter einem Zuviel an Arbeit leiden, beschäftigen Sterbende am Ende ihres Lebens stark und erfüllen sie mit Reue. Ganz gleich, als was Menschen gearbeitet haben, wiederholen sich die Muster von Person zu Person: Statt sich Zeit für die Meilensteine im Leben ihres Kindes zu nehmen, haben sie gearbeitet. Statt Jahrestage und andere Jubiläen mit ihren Liebsten zu begehen, haben sie gearbeitet. Statt mit ihnen zu reisen, die Freizeit zu genießen, neue Erfahrungen zu machen oder auch nur den Alltag zu teilen, haben sie gearbeitet.

Wenn du immer der Arbeit den Vorzug gibst – entweder, weil sie dir wichtiger erscheint oder du denkst, du müsstest noch mehr Geld verdienen, ordnest du die anderen Personen und Dinge, die deine Zeit in Anspruch nehmen könnten, deiner Arbeit unter. Vor allem zwischenmenschliche Beziehungen leiden nach einer Weile darunter. Kinder, die ihre Eltern nie zu Gesicht bekommen, können den Eindruck bekommen, dass sie es nicht wert sind, dass man ihnen Aufmerksamkeit schenkt und dann beginnen, darum zu buhlen. Es ist aber genauso möglich, dass sie sich abwenden, wenn sie immer wieder vertröstet werden. Das Gleiche gilt für Lebenspartner und Freunde, die irgendwann keine Lust mehr haben, in der Prioritätenliste ganz unten aufzutauchen. Doch so erfüllend deine Arbeit auch sein mag, die Wärme einer Freundschaft oder Familie kann sie dir nicht geben.

Siehst du dich aufgrund von finanziellen Missständen gezwungen, so viel zu arbeiten, dass du andere Aspekte in deinem Leben vernachlässigen musst und erfüllt dich diese Arbeit nicht mal, kann dies nicht nur unzufrieden sondern auch krank machen. Nicht nur dein Umfeld leidet, sondern auch du selbst leidest unter der Situation, die du aber auch nicht beenden willst, weil du ja das Geld brauchst. Viele der befragten Sterbenden gaben an, dass sie rückblickend lieber auf Wohlstand verzichtet hätten, wenn sie dafür mehr Zeit mit ihrer Familie und ihren Freunden gehabt hätten.

Versteckst du dich hinter deiner Arbeit?

Selbstverständlich benötigt jeder Mensch finanzielle Stabilität, aber es lohnt sich zu schauen, wie viel du in deinem Leben wirklich brauchst, um glücklich zu sein. Möglicherweise brauchst du gar nicht so viel Einkommen, um dir etwas zu kaufen, sondern fühlst dich wohler, wenn du etwas weniger arbeitest und dich dafür mehr der Umsetzung deiner Lebensträume und der Pflege deiner Beziehungen widmest.

Die Arbeit kann übrigens auch dazu genutzt werden, Konflikten aus dem Weg zu gehen. Hast du dich schon mal selbst den Satz sagen hören: „Sorry, aber ich muss jetzt zur Arbeit.

Lass uns später drüber reden", oder hast du Überstunden gemacht, weil du dann einer ungeliebten Anforderung zuhause, einem Gespräch mit deinem Partner oder deiner Partnerin oder einem Treffen aus dem Weg gehen konntest, ohne lang darüber diskutieren zu müssen?

Dieses Vermeidungsverhalten fällt uns meist selbst gar nicht auf. Schließlich ist es ja eine Form des Kümmerns, wenn sich jemand darum sorgt, dass er seine Familie ernähren kann. Es ist gesellschaftlich vollkommen akzeptiert, dass wir einen Großteil unserer Lebenszeit arbeitend verbringen und es gilt oft sogar als chic, im Arbeitsstress zu sein. Das Wort Workaholic ist keinesfalls mehr nur negativ besetzt, sondern gilt in manchen Kreisen auch als Auszeichnung. Wer hart arbeitet, muss sich daher in der Regel keine Vorwürfe anhören oder kann diese ganz leicht mit einem „Das tu ich doch nur für uns; damit es uns besser geht!" aus dem Weg räumen. Aber stimmt das wirklich? Oder nutzt du die Arbeit, um Menschen und Probleme auf Abstand zu halten, statt dir und ihnen die Chance zu geben?

Arbeitest auch du zu viel und bist nicht mit deiner Work-Life-Balance zufrieden? Dann widme dich ein paar Minuten den folgenden Fragen:

- Warum arbeitest du so, wie du arbeitest? Wird dir das von außen vorgegeben oder kannst du selbst entscheiden?

- Würdest du sagen, du arbeitest zu viel? Ist dein Umfeld der gleichen Meinung?

- Macht dich deine Arbeit glücklich?

- Falls nein, welche Arbeit würde dich glücklich machen?

- Was würdest du mit deinem Leben machen, wenn du nicht mehr arbeiten müsstest?

- Versteckst du dich hin und wieder hinter deiner Arbeit, um dich mit bestimmten Aspekten deines Lebens nicht auseinandersetzen zu müssen? Welche sind das?

- Erlebst du deine Arbeit als Daseinsberechtigung?
- Lebst du, um zu arbeiten?
- Definierst du dich über deine Arbeit und betrachtest sie als Statussymbol?

Ausdruck von Gefühlen – das Herz auf der Zunge tragen

Ein weiterer Punkt, den viele Sterbende aufrichtig bedauern, ist der, Zeit ihres Lebens ihre Gefühle nicht wirklich ausgedrückt zu haben. Viele Menschen haben Angst, Gefühle zu zeigen, wenn sie ein bestimmtes Alter erreichen. Ist es für Kinder meist noch kein Problem, spontan und herzhaft zu lachen, wenn sie etwas erheitert oder herzzerreißend zu weinen, wenn sie etwas traurig stimmt, neigen wir beim Heranwachsen dazu, nicht nur zwischen guten und schlechten Gefühlen zu unterscheiden, sondern diese auch nicht immer zu zeigen oder eine abgeschwächte Form zu wählen.

Wir beginnen, unser Lachen zu dämpfen, halten uns die Hand dabei vor den Mund oder begnügen uns mit einem raschen Lächeln. Wenn wir weinen möchten, blinzeln wir die Tränen weg, schlucken ein paar Mal trocken und versuchen, den aufsteigenden Schmerz beiseite zu schieben. Vielleicht sind unsere Emotionen genauso stark wie im Kindesalter, aber der Ausdruck dieser wird genaustens überwacht und geregelt.

Es ist natürlich gut, dass wir als Erwachsene über eine gewisse Affektkontrolle verfügen. Wir können uns im Hinblick auf ein langfristiges Ziel im Moment beherrschen, auch wenn wir uns vielleicht genau jetzt anders verhalten wollen. Wer von uns hat sich nicht schon mal insgeheim gewünscht, nach einem langen Arbeitstag mit lauter ärgerlichen Momenten an der Supermarktkasse auch einfach einen Wutanfall zu bekommen, wie das dreijährige Kind in der Schlange daneben? Einfach auf den Boden werfen, mit den Fäusten auf den Untergrund trommeln und auf alles schimpfen, was einen geärgert hat? Wir wissen aber, dass das nichts an unserer momentanen Situation ändert und können uns beherrschen. Vielleicht denken wir daran, vielleicht fällt innerlich auch ein böses Wort, aber wir wissen mit unseren Gefühlen auf reife Art umzugehen und sind in diesem Punkt den Kindern einen großen und wichtigen Entwicklungsschritt voraus. Problematisch wird es allerdings, wenn wir bestimmte Gefühle generell verurteilen und ablehnen und uns diese Emotionen überhaupt nicht zugestehen wollen.

Gefühle, die sich nicht schicken, die wir unpassend oder peinlich finden, leugnen wir – vor uns selbst und vor anderen. Wer möchte schon zugeben, dass er eifersüchtig auf den neuen Kumpel vom besten Freund ist? Das ist ja total albern? Wer möchte groß darüber sprechen, dass so etwas Banales wie die Dunkelheit ihm Angst macht oder dass er manchmal eine schier übermächtige Wut empfindet?

Wenn wir Gefühle offen zum Ausdruck bringen, kehren wir unsere Emotionen, unser Innerstes, nach Außen und zeigen uns mit all unseren Facetten. Dunkle Anteile, die wir uns und anderen nicht so gerne eingestehen, kommen dabei ebenso ans Licht wie strahlende Anteile, die wir gerne mit anderen teilen.

Das Selbstbild und die Meinung der anderen

Was ist aber, wenn manche der Emotionen, die wir fühlen, nicht zu unserem Selbstbild passen? Wenn wir nicht dieser missgünstige, wütende, gehässige oder ängstliche Mensch sein wollen? Wenn wir uns lieber nur mit unseren positiven Attributen wahrnehmen möchten? Oder wenn wir uns in einer bestimmten Rolle eingerichtet haben? Etwa als die harte Powerfrau, die keine Schwäche zulässt oder der empfindsame Mann, der keine Aggressionen haben sollte und um keinen Preis der Welt als Macho gesehen werden möchte?

Dann kann der Ausdruck von all unseren Emotionen unser Selbstbild in Frage stellen, was nicht unbedingt angenehm ist. Die Ehrlichkeit macht uns verletzlich und angreifbar. Das betrifft auch das Bild, das andere von uns haben. Wenn wir uns unserer Familie, unseren Freunden oder unseren Kollegen mit all unseren Gefühlen zeigen, dann kann diese Offenheit auch dazu genutzt werden, Informationen gegen uns zu verwenden oder unsere vermeintliche Schwäche auszunutzen. Die Angst vor Ablehnung ist einer der Hauptgründe, die Sterbende angeben, wenn sie gefragt werden, warum sie ihre wahren Gefühle verschlossen gehalten haben. Auch die Angst vor der Übermacht der eigenen Gefühle kann dazu führen, dass wir bestimmte Anteile in uns lieber unter Verschluss halten: „Ich bin eine ausgeglichene Mutter. Ich zeige keine Wut."

Was, wenn ich mir erlaube, bestimmte Emotionen zu zeigen, und diese dann über mir zusammenbrechen und überhandnehmen? Was, wenn ich nicht mit ihnen umgehen kann, sie meinem Umfeld Angst machen oder es mich dafür verurteilt? Was, wenn ich mich in meiner Position angreifbar mache und nicht mehr als Autoritätsperson wahrgenommen werde?

Solche Fragen sind verständlich – vor allem, wenn du bereits sehr lange bestimmte Emotionen unterdrückt hast oder dich nach außen hin generell um eine sehr neutrale Position bemühst. Es käme dir vielleicht so vor, als müsstest du einen großen Schwindel zugeben, wenn du dich jetzt anders verhältst. Auch kann der Umgang mit und das Aushalten von Gefühlen, die wir bisher verdrängt haben, sehr anstrengend sein. Müssen wir diesen Umgang im Erwachsenenalter neu einüben, kann uns das von der Rolle des Erwachsenen, der sein Leben im Griff zu haben scheint, in die Rolle des Lernenden befördern. Das setzt eine gewisse Demut und Bereitschaft voraus, sich als Schüler wahrzunehmen, der noch nicht genau weiß, was auf ihn zukommt. Verständlich, dass das nicht ganz einfach ist für Personen, die sonst in ihrem Leben alles im Griff haben, oder?

Unterdrücken der Gefühle - psychische und physische Folgen

Mittlerweile ist allerdings wissenschaftlich bewiesen worden, dass das Unterdrücken von Emotionen sich auf Dauer sowohl negativ auf die Psyche als auch auf den Körper auswirkt. So haben Forscher der Stanford University in zwei Studien belegt, dass das Unterdrücken von Emotionen nachteilig für die Beziehungsbildung sein und eine ungesunde Veränderung des Blutdrucks bewirken kann. Neben den anderen körperlichen Problemen, meist als psychosomatische Symptome bezeichnet, die ein solches Unterdrücken von Emotionen mit sich bringen kann, empfanden die Sterbenden vor allem die psychische Komponente als belastend.

Das Nicht-Ausdrücken von Emotionen kann dabei helfen, Leute auf Distanz zu halten. Indem du immer einen Teil von dir vor den anderen verschlossen hältst, bist du nicht nur unangreifbar, sondern auch unantastbar und diese Fremdheit kann zu einem Verlust von wirklicher Nähe und Intimität führen. Wir kennen das aus bröckelnden Beziehungen: Wenn wir unseren Partner nicht mehr wirklich in unser Leben lassen, ihm nicht wirklich erzählen, was uns bewegt und was wir fühlen, dann breitet sich ein Gefühl der Fremdheit zwischen uns aus, das nur schwer zu überwinden ist.

Viele Sterbende bereuen, dass sie ihre Mitmenschen, zum Teil ihre engste Familie, nicht wirklich an sich heran gelassen haben und ihnen ihr wahres Ich mit all den dazugehörigen Gefühlen zugemutet haben und so nie eine echte, aufrichtige Nähe zwischen ihnen und den anderen entstehen konnte. Dadurch können wir in der Mitte von all unseren liebsten Menschen ein Gefühl der Einsamkeit entwickeln. Der Gedanke, dass uns keiner wirklich kennt und verstehen kann, mag erschreckend wirken und kann mitunter dazu führen, dass wir uns innerlich noch mehr abkapseln. Haben wir uns allzu lang auf eine bestimmte Art und Weise nach außen gegeben, trauen wir uns vielleicht auch gar nicht mehr, unsere andere Seite zu zeigen und zuzugeben, dass wir uns um des lieben Friedens willen oder aufgrund von Angst all die Zeit verstellt haben. Diese Aussage kann unser Umfeld zu Recht verunsichern und sogar Misstrauen hervorrufen, was es noch schwerer macht, die Richtung zu wechseln, wenn wir erst mal auf diesem Pfad unterwegs sind.

Warum es sich lohnt, Gefühle auszudrücken

Neben den Aspekten der körperlichen Gesundheit sind vor allem die psychischen Auswirkungen gravierend, wenn du dich traust, deine Gefühle auszudrücken. Du lernst viel mehr über dich und deine Persönlichkeit und kannst auch die Gefühle anderer meist besser zuordnen, wenn du mit deiner eigenen Gefühlswelt vertraut bist und sie nicht vor dir selbst verschließt.

Wenn wir uns dann trauen, unsere Emotionen auch anderen mitzuteilen, weiß der Andere, woran er ist. Er kann lernen, damit umzugehen und der Kontakt zwischen dir und ihm gewinnt eine neue Tiefe und Aufrichtigkeit. Dadurch kann sich eine ganz besondere Form der Nähe entwickeln und auch ein Gefühl von Sicherheit und Akzeptanz. Schließlich gibt es da jetzt einen Menschen, der dich mit all deinen Facetten kennt und schätzt. Das ist unglaublich beruhigend und kann ein tolles Gefühl von Stärke vermitteln. Natürlich kann es immer wieder passieren, dass jemand nicht mit deinen Gefühlen umzugehen weiß und nicht bei jedem Menschen wirst du den Wunsch verspüren, all deine Gefühle zu zeigen. Du musst dein Herz nicht immer und überall auf der Zunge tragen und solltest natürlich immer für dich persönlich entscheiden, in welchen Situationen und bei welchen Menschen es sich gut anfühlt, sich zu öffnen.

Bei Menschen, die dir sehr nahe und wichtig sind, kann es aber sehr befreiend sein, wenn du einfach du sein kannst und sie auch eine Chance haben, dich mit all deinen Facetten kennen zu lernen. Das heißt nicht, dass dein Gegenüber einen Wutanfall von dir besonders toll finden muss. Er oder sie kann und darf bestimmte Gefühlsregungen durchaus als unangenehm empfinden. Das ist vollkommen okay. Trotzdem werden diese Ehrlichkeit und der Ausdruck deiner Gefühle eine neue Intensität in eurer Beziehung schaffen und möglicherweise auch deinem Gegenüber den Mut geben, über bestimmte Dinge zu sprechen oder Gefühle zum Ausdruck zu bringen. Gönne dem anderen und dir dieses besondere Erlebnis und die Chance, euch noch näher zu kommen.

> *Anregungen für das Reflektieren anhand von Fragen:*
>
> Bist du dir unsicher, inwiefern du dich mit dem Ausdruck deiner wahren Gefühle wohl fühlst, nimm dir einen kurzen Moment Zeit und beantworte die folgenden Fragen. Spüre nach, wenn dir eine bestimmte Frage besonders nahe geht und gönne dir eine kurze Pause, bevor du weiterliest, um die Gefühle sacken zu lassen. Wenn du magst, kannst du dir beim Beantworten der Fragen auch etwas Unterstützung von außen holen – schließlich geht es um die Interaktion mit deinen Mitmenschen. Frag eine liebe Freundin oder einen guten Freund, ob sie dir helfen können, die Fragen durchzugehen und bitte sie um ihre Meinung.

- Wenn du dich im Umgang mit deinen Mitmenschen betrachtest – traust du dich dann, deine Gefühle zum Ausdruck zu bringen?

- Bist du der Auffassung, dass man bestimmte Gefühle nicht kommunizieren sollte?

- Findest du, dass man überhaupt über Gefühle reden sollte?

- Erlaubst du dir selbst all deine Gefühle und kannst du vor dir selbst dazu stehen?

- Hältst du Personen bewusst auf Abstand, indem du ihnen bestimmte Emotionen nicht anvertraust?
- Denkst du, du musst Menschen beschützen, indem du ihnen einige Emotionen von dir nicht zumutest? Hast du sie gefragt, ob sie geschützt werden wollen?
- Glaubst du, das Teilen von Emotionen könnte dich Menschen näherbringen, die dir wichtig sind?
- Hat dich schon mal jemand darum gebeten, dass du deine Gefühle mit ihm teilst?
- Was hat diese Frage in dir ausgelöst?

Vernachlässigung von Beziehungen – darum kümmere ich mich später

Beziehungen begleiten uns unser ganzes Leben lang – nicht nur romantische. Die erste enge Beziehung haben Menschen üblicherweise mit ihrer Mutter oder mit ihren Eltern allgemein. Dann gehen wir immer mehr Verbindungen mit anderen Menschen ein. Als kleine Kinder bestehen diese größtenteils aus unserer Kernfamilie und anderen Familienmitgliedern, dann kommen auch Nachbarn, Freunde der Familie und aus dem Kindergarten, Erzieher und andere Personen aus dem Umfeld dazu. In der Schulzeit werden die Freunde besonders wichtig, während sich die enge Bindung zu unseren Eltern meist lockert und auch der Kontakt mit den Geschwistern meist loser wird. Wenn dann erste Liebesbeziehungen unsere volle Aufmerksamkeit fordern, führt das bei vielen Menschen dazu, dass sie auch ihre Freundschaften etwas vernachlässigen – zumindest in der anfänglichen Verliebtheitsphase, in der die Welt rosarot und der Partner das Wichtigste auf Erden ist.

Zwischenmenschlicher Kontakt und intakte Beziehungen sind wichtig für unsere psychische und physische Gesundheit und gelten als ein wichtiger Glücksfaktor. Zu den Beziehungen zählen laut dem Spektrum Lexikon der Psychologie sowohl Beziehungen unter Kindern als auch Beziehungen innerhalb der Familie – also Eltern-Kind-Beziehungen, Geschwisterbeziehungen, die Ehe und Beziehungen zwischen Verwandten der erweiterten Familien. Auch Beziehungen in alternativen Familienformen wie Adoptions-, Stief- und Pflegefamilien sowie Liebesbeziehungen, private Beziehungen, etwa zu Freunden und Bekannten, und berufsbedingte Beziehungen sowie Beziehungen unter Kollegen gehören dazu.

Der Pädagoge Anton Bucher verweist darauf, dass nicht die Quantität sondern die Qualität der Beziehungen dafür entscheidend ist, ob sie einen Menschen glücklich machen. Die Grundlage jeder Beziehung ist der Kontakt. Es wird davon ausgegangen, dass Beziehungen immer zeitlichen Prozessen unterliegen und sich stetig wandeln können. Nach der Phase des Kennenlernens und des Aufbaus einer Verbindung müssen sich die beteiligten Personen gemeinsam um eine Phase des Erhalts und der Beständigkeit dieser Beziehung kümmern. Ansonsten kommt es zu einer Phase der Auflösung dieser Beziehung, die zu einem Ende führt.

Änderungen in Beziehungen sind ganz natürlich und gehen häufig mit der Entwicklung des Menschen einher: Die enge Bindung zu den Eltern wird beim Heranwachsenden gelockert; die Peergroup wird deutlich wichtiger. Wenn sich die eigenen Interessen oder die Lebenssituation ändern, kann dies ein Auseinanderleben zur Folge haben. Auch die heute deutlich üblicheren Wohnungswechsel bedingt durch Studium und Arbeit können dazu führen, dass Freundschaften einschlafen und sich Menschen immer wieder einen neuen Freundeskreis aufbauen müssen. Fernbeziehungen sind heute viel häufiger als früher und auch das Pflegen von Freundeskreisen an verschiedenen Orten.

Bist du vielleicht anlässlich deiner Ausbildung oder deines Studiums das erste Mal umgezogen, hast du dir am Ort deiner

Ausbildung neue Freunde suchen müssen. Nach dem Abschluss der Ausbildung oder des Studiums hast du möglicherweise woanders einen Arbeitsplatz gefunden und musst dort nun wieder neu anfangen, dir einen Freundeskreis aufzubauen, aber auch noch die Freundschaften in der Heimat und an deinem Ausbildungs- oder Studienort pflegen.

Warum Menschen ihre Beziehungen nicht mehr pflegen

Allerdings ist im fordernden Arbeitsleben deutlich weniger Zeit für die Pflege von Freundschaften vorhanden, sodass mit der Zeit viele Kontakte verloren gehen. Zwar gibt es viele Menschen, die sich daher auch um einen freundschaftlichen Umgang mit ihren Kollegen bemühen und somit am Arbeitsplatz Freundschaften knüpfen können, aber das verhindert leider nicht, dass der Kontaktpflege wenig Zeit eingeräumt werden kann und gegeben wird.

Für Erwachsene können Arbeits- und Familienleben so fordernd sein, dass sie die Pflege von Kontakten komplett hinten anstellen, ganz gleich, ob zur entfernteren Familie oder zu Freunden. Viele Sterbende berichten davon, dass sie es rückblickend bereuen, nicht mehr Zeit in die Pflege von zwischenmenschlichen Beziehungen gesteckt zu haben. Die Gründe dafür können vielfältig sein: In vielen Fällen ist die berufliche Verpflichtung der Grund, warum Menschen sich nicht genug ihrer Familie und ihren Freunden widmen. Meist begleiten uns dabei ein schlechtes Gewissen und der fromme Wunsch, es in Zukunft besser zu machen – „Wenn das Projekt abgeschlossen ist" oder „Wenn die Beförderung geklappt hat." Daraus wird irgendwann „Wenn ich in Rente bin" und man fragt sich, wo die Zeit und wo die Leute geblieben sind.

Mitunter wurden die Betroffenen auch vor die Wahl gestellt, sich für die eine oder die andere Freundschaft zu entscheiden

Kapitel 3 – Werte einer Gesellschaft und Sterbende als Lehrmeister

oder sie mussten durch einen Umzug ihr gewohntes soziales Umfeld aufgeben. Oder aber eine Person erfordert die ganze Aufmerksamkeit und der Betroffene vernachlässigt dafür alle anderen Kontakte, häufig in toxischen Beziehungen der Fall, und erlebt daraufhin, dass er ohne die toxische Beziehung vollkommen alleine dasteht.

Gerade die Menschen, die uns am nächsten sind, die uns ein Leben lang begleiten und die immer an unserer Seite sind, nehmen wir all zu leicht für selbstverständlich. Wir schenken ihnen keine oder zu wenig Aufmerksamkeit und setzen sie in unserer persönlichen Prioritätenliste des Alltags immer weiter herab. „Der hat dafür schon Verständnis." „Eine gute Freundschaft muss das aushalten können." „Sie weiß ja, wie ich bin. Ich melde mich einfach nicht so oft, aber ich denke an sie!" „Er weiß doch, dass ich ihn liebe. Aber ich habe halt keine Zeit!"

Neben der Arbeit stehen auch die sozialen Medien in der Kritik, wenn es um die Vereinsamung von Menschen geht. Auch wenn die befragten Sterbenden diesen Punkt nicht als Begründung angaben, ist es doch ein Thema unter Jugendlichen und jungen Erwachsenen. Diese bedauern, dass ihr Leben größtenteils online abläuft, sie aber kaum noch reale zwischenmenschliche Kontakte pflegen und auch freundschaftliche körperliche Interaktion immer seltener wird und somit auch der unmittelbare physische Kontakt fehlt.

Sterbende berichten immer wieder, dass ein Vernachlässigen der Personen ein Ausklingen des Kontakts zur Folge hatte. Ein Kontaktabbruch ist extrem schmerzhaft, häufig für beide betroffenen Seiten, aber auch ein leises Einschlafen der Kontakte kann in der Summe drastische Auswirkungen haben. Kommen wir erst mal zur Ruhe, endet die alles andere konsumierende Partnerschaft oder treten wir bei der Arbeit kürzer, merken wir plötzlich, dass wir einsam sind. Einsamkeit macht krank, kann schwerwiegende gesundheitliche Folgen haben und ist immer noch ein stark mit Scham besetztes Tabuthema.

Um auf die Dringlichkeit dieses Problems hinzuweisen und es in das Bewusstsein der Öffentlichkeit zu holen, wurde in Großbritannien im Jahr 2018 sogar eigens eine Ministerin für Einsamkeit eingesetzt.

Das Pflegen und Aufrechterhalten von Beziehungen ist mit Arbeit verbunden und auch mit einem gewissen Zeitaufwand, aber definitiv lohnend. Menschen mit einem stabilen sozialen Netz sind in der Regel glücklicher und weniger gefährdet, an psychischen Erkrankungen wie Ängsten und Depressionen zu erkranken.

Wie gesagt, musst du keinen riesigen Freundeskreis haben, um von Beziehungen profitieren zu können. Ein paar Vertraute, mit denen dich eine tiefe, aufrichtige Freundschaft verbindet, reichen völlig aus. Wir sind alle unterschiedlich und unser Wunsch nach Kontakt und Interaktion kann sich stark voneinander unterscheiden und je nach deiner aktuellen Lebenssituation auch wandeln. Wer im Alltag viel mit Menschen zu tun hat, möchte im Feierabend vielleicht am liebsten seine Ruhe und wer den ganzen Tag am Schreibtisch saß, sehnt sich nach Austausch mit anderen. Wenn du ein sehr schüchterner Mensch bist oder aber einfach gerne allein mit dir bist, ist das auch vollkommen okay, solange du dafür sorgst, dass dein Bedürfnis nach Nähe anerkannt und ihm auch begegnet wird. Sei ehrlich mit dir, wenn du dir deine Beziehungen anschaust und dich fragst, wie gut du mit ihnen umgehst und wie du sie pflegst und auch, ob gut mit dir umgegangen wird. Nicht immer bedeuten viele Beziehungen nämlich, dass du nicht doch einsam bist.

Stelle dir einmal folgende Fragen, wenn du dieses Thema vertiefen magst:

- Welchen Stellenwert haben meine Beziehungen in meinem Leben?
- Wem räume ich am meisten Zeit ein?

- Sind die Beziehungen, die ich führe, von Geben und Nehmen geprägt oder bin ich die Person, die immer nur gibt bzw. nimmt?

- Schätze ich die Personen in meinem Leben aktiv wert und zeige ich ihnen das auch?

- Habe ich durch zu viel Arbeit oder andere Gründe schon Beziehungen in meinem Leben vernachlässigt und dadurch sogar Freundschaften verloren?

- Habe ich genug Kontakt zu anderen oder fühle ich mich einsam?

- Sind diese Kontakte nur oberflächlich oder lasse ich Menschen keine Zeit, mich näher kennenzulernen?

- Habe ich vielleicht eine Freundschaft verloren, die mir viel bedeutet und um die es sich zu kämpfen lohnt?

- Traue ich mich, mich auf Menschen einzulassen und wirklich tiefe Beziehungen zu anderen einzugehen?

Das schickt sich nicht - nicht gelebte Lebensfreude

Ebenfalls ein wichtiger Punkt, den viele Sterbende bereuen, ist der, seine Lebensfreude nicht zum Ausdruck gebracht und nicht zelebriert zu haben. Es gibt sogenannte genussorientierte Gesellschaften, in denen das Ausdrücken von Lebensfreude und Lebenslust gesellschaftlich akzeptiert ist. Es gibt aber auch genussferne Gesellschaften, in denen diese Aspekte weniger gern gesehen und eher mit Müßiggang oder Darstellungssucht der Person assoziiert werden. Wenn du in einer genussfernen Gesellschaft aufgewachsen bist, kann es sein, dass dir vermittelt wurde, dass Arbeit wichtiger ist als Spaß – erst die Arbeit, dann das Vergnügen. Vielleicht wurde dir vermittelt, dass lautes Lachen als undamenhaft, unfein oder prollig gilt und dass Personen, die sich den schönen Dingen des Lebens bereitwillig öffnen, belächelt oder sogar als verrückt, unbeherrscht, maßlos oder deplatziert betrachtet wurden. Eine vornehme Zurückhaltung, eine ständige Contenance, Maßhalten und Vermeiden von Extremen gelten vielfach als Verhaltensregeln der gehobenen Gesellschaftsschichten und daher als erstrebenswert.

Gesellschaftliche Erwartungen sind für viele Sterbende der Grund gewesen, warum sie sich selbst nicht erlaubt haben, ihre Lebensfreude so zu leben, wie sie es für richtig hielten: Etwa, weil sie vermeintlich Schande über ihre Familie gebracht haben und sie daraufhin aus ihrer Sicht nicht mehr imstande waren, so etwas wie Lebensfreude zu fühlen. Dieses Gefühl beschleicht auch Personen, denen ein für sie unverzeihlicher Fehler unterlaufen ist oder die etwas Traumatisches erlebt haben. Wenn sie einen Verlust erlitten haben, der ab sofort alles andere überschattete, war es nicht mehr möglich, Lebensfreude in das eigene Leben zu lassen oder überhaupt zu versuchen, etwas zu genießen.

Vielfach zelebrierten Menschen ihre Lebensfreude aber auch deshalb nicht, weil es sich für ihren Stand, ihr Alter, ihr Geschlecht nach damaligen gesellschaftlichen Konventionen einfach nicht schickte. Mitunter machten die Betroffenen auch die Erfahrung, dass Menschen ihre offen gelebte Freude ablehnten und sich negativ über positive Einstellungen lustig machten oder sie aufgrund ihres Verhaltens negativ bewerteten. „Der kann ja nicht ganz dicht sein mit seinem grenzdebilen Lächeln!"

„Der Dumme ist fröhlich, weil ihm der Weitblick fehlt."

„Ganz schön naiv, dass die immer noch an das Gute im Menschen glaubt!"

„Wie die immer lacht – wie ein Pferd! Das nervt!"

Solche Äußerungen können sich einbrennen und dazu führen, dass die betroffene Person im Ausdruck ihrer Lebensfreude unsicher wird und sich damit schwer tut, diese unvoreingenommen zu leben, so wie sie es bisher getan hat. Den Meinungen und Ängste anderer, die sich womöglich durch deine offensichtliche Fröhlichkeit und den gelebten vollmundigen Lebensgenuss belästigt fühlen, liegt oftmals zugrunde, dass sie selbst Schwierigkeiten damit haben, ihre eigene Lebensfreude offen auszudrücken. Nicht selten weckt dann der Anblick von Unbekümmertheit und Freude Neid und Missgunst. Da Ärger sich oft besser aushalten lässt als Trauer, weil man ihn nach außen richten kann, wird dann mit verletzenden Kommentaren und abwertenden Bemerkungen gearbeitet. Diese können sich über die eigene Unbeschwertheit legen, bis jede spontane Freude im Keim erstickt wird und das eigene Verhalten minutiös überwacht wird.

Häufig sehen wir ein Aufbrechen dieser Strukturen, wenn Personen sich im Spiel mit Kindern unbeobachtet fühlen und sich von der spontanen Lebensfreude mitreißen lassen. Vorstellungen, was sich schickt und der innere Filter sind dann für einen Moment vergessen und der Mensch gerät wieder ins Spielen, Ausprobieren und Fühlen. Ganz im Hier und Jetzt und vollkommen wertungsfrei.

Für viele von uns ist es eine bewusste Entscheidung, die eigene Lebensfreude in all dem Stress wieder wahrzunehmen und ihr einen Platz im hektischen Alltag einzuräumen. Spielen und Lebensgenuss sind wichtige Teilbereiche im Leben eines glücklichen Menschen und verdienen die nötige Aufmerksamkeit. Der Spruch „Wer nicht genießt, wird ungenießbar" hat durchaus seine Berechtigung. Gerade Personen, die das Genießen verlernt haben, tun sich sehr schwer damit, wenn sie andere Leute sehen, die unbekümmert und unbeschwert genießen können.

Lass dich von deren abfälligen Äußerungen nicht verunsichern, sondern versuche, sie vielleicht sogar mitzureißen und ihnen mit Verständnis und Wärme zu begegnen – ohne aber dein eigenes Wohl hintenan zu stellen.

Hast du das Bedürfnis, dich noch weiter in das Thema zu vertiefen? Folgende Fragen können dir dabei helfen, für dich auszuloten, wie es um deine Einstellung zum Thema gelebte Lebensfreude steht und wo du vielleicht etwas verändern möchtest.

- Bringst du deine Lebensfreude zum Ausdruck?
- Denkst du, es gibt in deinem Leben keinen Anlass zur Freude?
- Erlaubst du dir das Zelebrieren von positiven Gefühlen?
- Wurde in deiner Jugend abfällig über Personen gesprochen, die ihr Lebensglück aktiv mit anderen geteilt haben?
- Nimmst du dir Zeit zum Spielen – auch ohne den Kontakt zu einem Kind?
- Denkst du, bestimmte Handlungen oder Dinge, auf die du Lust hättest – Schaukeln, lautes Lachen, Seifenblasen pusten, Tanzen gehen – gehören sich nicht für eine Person deines Alters/Geschlechts/Standes? Warum nicht? Was könnte im schlimmsten Fall passieren?
- Hältst du dir beim Lachen die Hand vor den Mund?
- Wann hast du das letzte Mal so lachen müssen, dass dir der Bauch weh tat?
- Weißt du, wie du dir selbst etwas Gutes tust?

Kapitel 4 – Werte und ihre Auswirkungen auf unsere Wünsche

Die im vorherigen Kapitel genannten Themen, die bei Sterbenden am häufigsten der Anlass zur Reue waren, lassen sich als Richtwerte nutzen, um herauszufinden, was wirklich zählt im Leben. Du kannst anhand dieser Punkte deine eigenen Werte und Wünsche ableiten.

Jeder Mensch hat Werte und Wünsche, die ihn prägen und sein Handeln und Denken beeinflussen. In Meyers Kleinem Lexikon der Psychologie wird der Wert als „im soziokulturellen Entwicklungsprozess einer Gesellschaft sich herausbildende von der Mehrheit ihrer Mitglieder akzeptierte und internalisierte Vorstellung über das Wünschenswerte" definiert. Ferner steht dort: „Werte sind allgemeine und grundlegende Orientierungsmaßstäbe bei Handlungen und Handlungsalternativen. Sie geben dem Menschen Verhaltenssicherheit. Aus Werten leiten sich Normen und Rollen ab, die besonders das Alltagshandeln bestimmen."

Werte sind also allgegenwärtig und dienen den Mitgliedern dieser Gesellschaft zur Alltagsbewältigung. Sie werden als Richtlinie für das eigene Handeln und Denken genutzt und somit schlussendlich auch für das Träumen und Gestalten des eigenen Lebens. Die Werte werden außerdem in jeder Gesellschaft von Generation zu Generation überliefert, wobei durchaus über die Zeit ein Wertewandel stattfinden kann. So standen früher Werte wie Pflichtbewusstsein und Religiosität viel mehr im Fokus, als das heute noch der Fall ist, wohingegen Aspekte wie Umweltbewusstsein stärker in den Vordergrund rücken.

Die in unserer Gesellschaft akzeptierten Werte beeinflussen unsere Gedankenwelt maßgeblich, auch wenn wir das nicht immer bewusst wahrnehmen. Sie tragen mit dazu bei, dass wir einige Lebensentwürfe als erstrebenswert und gut, andere als falsch oder unangemessen betrachten. Werte können sich beispielsweise in der Haltung gegenüber der Familie oder der Einstellung gegenüber Religionen und Religionsfreiheit widerspiegeln. Aber auch Themen wie Staatsreformen oder die Gleichberechtigung von Männern und Frauen oder die Akzeptanz anderer Geschlechtsidentitäten können durch die in einer Gesellschaft gelebten Werte stark beeinflusst werden.

Gibt es universelle Werte, die auch auf mich zutreffen?

Da sich, wie du im vorherigen Kapitel gesehen hast, die Äußerungen der Sterbenden über das, was sie in ihrem Leben bereuen, größtenteils decken oder sich zumindest bestimmte Kernaspekte herausarbeiten lassen, die allen Befragten gemein sind, stellt sich natürlich die Frage, ob es universelle Werte gibt, die für alle gelten? Kann die Frage, was im Leben wirklich zählt, also für alle Menschen zufriedenstellend mit der gleichen Aussage beantwortet werden? Gibt es Aspekte, die jedem von uns wichtig sind, unabhängig davon, welches Geschlecht, welches Alter, welche Nationalität und welchen Bildungsgrad wir haben? Oder sind Werte immer kulturbedingt? Gibt es noch andere Aspekte, die die Wertevorstellungen eines Menschen beeinflussen und ist es dann überhaupt möglich, dass ein Mensch seine Wertvorstellungen ändern kann?

Tatsächlich geht die Forschung sowohl in der Soziologie als auch in der Psychologie davon aus, dass die Werte einer Gesellschaft durch ganz unterschiedliche Faktoren beeinflusst werden und sich somit auch deutlich unterscheiden können. Neben kulturellen Aspekten können auch evolutionäre Aspekte, die aktuelle ökonomische Situation und sogar das Klima Einfluss darauf nehmen, wie sich die Werte in einer Gesellschaft entwickeln. Unterschiedliche Wohlstandsniveaus sind ebenso entscheidend wie die Tatsache, ob die Gesellschaft, in der du groß geworden bist, der maskulinen oder der femininen Kultur zugeordnet wird.

In einer maskulinen Kultur sind die Geschlechterrollen eindeutig getrennt: Jedem Geschlecht werden bestimmte Attribute zugeschrieben und ein Ausbrechen aus diesem binären Muster kann Unverständnis oder sogar im schlimmsten Fall Sanktionen nach sich ziehen. Männer sollen hart und durchsetzungsfähig sein, Frauen bescheiden und liebevoll. Das Lebensziel der Männer ist der berufliche Erfolg, das der Frauen, die Männer in ihrem Tun zu unterstützen. Feminine Gesellschaften verfolgen anderen Lebensziele: Hier stehen intakte Beziehungen und eine allgemein hohe Lebensqualität aller im Vordergrund. Geschlechterrollen sind weniger stark ausgeprägt und Eigenschaften werden nicht in männlich oder weiblich unterteilt.

Die kulturvergleichenden Studien von Geert Hofstede von 1984 untersuchen verschiedene Werte und konzentrieren sich dabei auf Punkte wie Machtdistanz, Unsicherheitsvermeidung, Individualismus vs. Kollektivismus und Femininität vs. Maskulinität. Die Kulturdimension Machtdistanz thematisiert das Ausmaß der Machtverhältnisse und auch das Gleichgewicht dieser in einer Gesellschaft. Gibt es eine strenge hierarchische Ordnung und wird diese akzeptiert oder genießen flache Hierarchien einen höheren Stellenwert? Die Machtdimension Unsicherheitsvermeidung klärt, wie aufgeschlossen eine Gesellschaft Unbekannten gegenüber ist und dieses entweder mit offenen Armen willkommen heißt oder kategorisch ablehnt. Die Kulturdimension Individualismus vs. Kollektivismus klärt, inwiefern die Selbstverwirklichung eines Individuums in einer Gesellschaft im Vordergrund steht oder ob dessen Interessen denen der Gesellschaft untergeordnet werden. Während im Kollektivismus Gruppen und Großfamilien einen besonders hohen Stellenwert genießen, sind im Individualismus die Kleinfamilie und das eigenständige Handeln wichtige Werte. Maskulinität vs. Femininität dominieren die Rollenverteilung und die Lebensaufgaben der einzelnen Geschlechter innerhalb einer Gesellschaft. Ergänzt wurden diese Studien später um Aspekte, ob Leute in einer Gesellschaft ihr Leben lang- oder kurzfristig planen und ob es in der Gesellschaft gestattet ist, sein Leben auf Spaß auszurichten und einfach zu genießen.

Je nach Kultur fanden sich in allen Untersuchungsbereichen deutliche Unterschiede in den Werten, sodass deine eigene Wertebildung stark davon beeinflusst sein kann, in welchem Land du geboren und aufgezogen wurdest und in welchem Land du lebst. Bist du ein sehr extrovertierter Mensch und Genießer, der nicht in einer genussorientierten Gesellschaft aufwächst, wirst du es schwerer haben, diesen Teil von dir zu leben. Wird es zum Beispiel klar sanktioniert, wenn Lebenslust offen zelebriert wird, führt dies häufig dazu, dass Menschen diesen Teil von sich im Inneren verschließen und sich sogar dafür verurteilen.

Da kulturelle Werte oft als selbstevident und ganz natürlich wahrgenommen werden („Das war ja schon immer so. Da hat sich schon jemand was bei gedacht. Das ist halt so von der Natur vorgegeben!"), ist es als Mitglied dieser Wertegesellschaft schwer, die Werte zu hinterfragen und den nötigen Abstand zu gewinnen, um möglichst sachlich auf die Situation zu blicken. Selbst wenn wir uns um Sachlichkeit bemühen und akzeptieren, dass die Werteentwicklung durch so viele verschiedene Aspekte beeinflusst wird, kann es immer wieder Situationen geben, in denen wir mit unserem Verständnis an unsere Grenzen stoßen

– entweder, weil die Werte der anderen so stark von unseren abweichen oder in unserem Wertesystem schlichtweg als falsch oder gefährlich betrachtet werden.

Generell versucht der Mensch durch sein Handeln immer möglichst positive Emotionen zu erzielen und unangenehme zu vermeiden. Wenn die eigenen Werte von denen der Gesellschaft, in der er lebt, massiv abweichen, gerät der Mensch schnell in einen inneren Konflikt.

Werte in der Welt und in Deutschland

In verschiedensten Studien wird immer wieder neu ermittelt, welche Werte den Menschen weltweit wichtig sind, inwiefern sich die Werte von Land zu Land unterscheiden und auch inwiefern die Länder einem Wertewandel unterliegen. Werte sind nämlich keinesfalls in Stein gehauen, sondern so wie eine Gesellschaft sich wandelt, so ändern sich auch die Werte, die diese Gesellschaft pflegt. Die World Values Survey etwa ermittelt alle fünf Jahre in mehr als 60 teilnehmenden Ländern die aktuelle Werte-Situation im jeweiligen Land. Bei der letzten Erhebung im Jahr 2005 zeichnete sich ab, dass die deutschen Bürger Werten wie Toleranz, Offenheit und Reformbereitschaft erstaunlich viel Bedeutung beimessen und hier vor allem bei der älteren Generation auch ein klarer Wertewandel stattgefunden hat.

Christian Welzel von der Jacobs University in Bremen ist an der Studie in Deutschland beteiligt und gibt an, dass das Innovationspotenzial anders als angenommen deutlich größer ist. Egal wo auf der Welt Studien zu Wertevorstellungen durchgeführt wurden, Folgendes lässt sich deutlich ablesen: Ist eine Gesellschaft gut entwickelt und auch finanziell erfolgreich, treten sogenannte emanzipatorisch-individualistische Werte in den Vordergrund. Dazu gehören unter anderem die Entscheidungsfreiheit des Individuums, die Gleichberechtigung der Mitglieder der Gesellschaft, Toleranz und Demokratie. In Gesellschaften, die weniger wohlhabend und entwickelt sind, liegt der Fokus weniger auf den emanzipatorisch-individualistischen Werten, sondern es sind genau entgegengesetzte Werte wichtig.

In der Allensbacher Markt- und Werbeträgeranalyse aus dem Jahr 2019 wurden deutsche Bürger dazu befragt, was die wichtigsten Aspekte in ihrem Leben sind. Mehr als 85 Prozent der Befragten gaben an, dass enge zwischenmenschliche Beziehungen das Allerwichtigste in ihrem Leben seien. Freundschaften und familiärer Kontakt waren für alle Befragten besonders wichtig. Dieses Ergebnis wurde auch bereits bei den zwei Erhebungen in den Vorjahren ermittelt. Platz zwei in der Umfrage belegte der Einsatz für die Familie, Platz drei eine glückliche Partnerschaft. Dieses Ergebnis zeigt sich auch in weiteren Studien, die erforschen, was Menschen für ein erfülltes Leben wichtig ist: Freunde, Familie und eine gelungene Partnerschaft scheinen essentiell für den Menschen zu sein, denn unabhängig von Bildungsstand, sozialem Status und Geschlecht nehmen diese Aspekte bei allen Menschen einen hohen Stellenwert ein. Bei der Bestandsaufnahme der subjektiven Lebensqualität in Deutschland im Jahr 2016 wurden diese Wünsche noch vor dem Wunsch nach Frieden genannt.

In der Studie „Das Vermächtnis", die von der Zeitung „Die Zeit" bei dem infas Institut für angewandte Sozialwissenschaft und dem Wissenschaftszentrum Berlin für Sozialforschung in Auftrag gegeben wurde, wurde mit einem Gedankenexperiment gearbeitet, bei dem die 3.000 Teilnehmer sich vorstellen sollten, was sie der Nachwelt vermachen wollen würden.

Der Wunsch nach menschlicher Nähe und einem Gemeinschaftsgefühl war definitiv von besonderer Wichtigkeit. Auch der Wert der Arbeit wird nach wie vor hoch eingeschätzt – allerdings zeigt sich hier ein Wertewandel, denn anders als früher geht es nicht explizit um eine hohe gesellschaftliche Position oder die materiellen Vorteile, sondern das Verwirklichen von persönlichen Zielen. Zu einem erfüllten Leben gehört das Arbeiten laut den Befragten selbstverständlich hinzu. Gesundheit ist ein weiterer wichtiger Faktor, der für die nachkommenden Generationen selbstverständlich sein sollte.

Wenn die Forschung sich damit befasst, was Menschen wichtig für ein erfülltes Leben ist und du mit einigen Ergebnissen nicht konform gehst, ist das nicht schlimm. Schließlich handelt es sich bei den vorgestellten Ergebnissen immer um einen Querschnitt der Angaben einer ganzen Gesellschaft.

Viele Möglichkeiten, viele Entscheidungen – die Qual der Wahl

Wie du jetzt bereits erfahren hast, nehmen sowohl biologische als auch soziokulturelle und finanzielle Aspekte Einfluss auf deine Werteentwicklung. Das bedeutet jedoch nicht, dass alle Werte, die typisch für eine Gesellschaft sind, auch von den Individuen, die in dieser Gesellschaft leben, geteilt werden müssen. Der Austausch mit anderen Kulturen, Bildung und Persönlichkeitsmerkmale wirken sich auch maßgeblich darauf aus, ob Werte einer Gesellschaft blind von den Gesellschaftsmitgliedern übernommen werden, oder ob sie diese hinterfragen und mit den Werten anderer Kulturen und ihrem eigenen Erleben abgleichen.

Dadurch, dass du heute durch das Internet einen vor wenigen Jahrzehnten noch unvorstellbar großen Wissensschatz zur Verfügung hast und du mittels moderner Medien mit Menschen unterschiedlichster Kulturen, Alters- und Entwicklungsstufen in Kontakt treten kannst, ist das Leben deutlich bunter und facettenreicher geworden. Du kannst dich über nahezu jeden Aspekt des Lebens im Internet informieren und jede noch so kleine Interessengruppe hat die Möglichkeit, sich darüber zu vernetzen und auszutauschen.

Das ehemals sehr vorgezeichnete Leben – der Sohn übernimmt den Hof oder den Beruf des Vaters, die Tochter wird möglichst gewinnbringend an einen Mann verheiratet und sollte sich aufs Führen des Haushaltes und Versorgen der Kinder beschränken – ist offener geworden: Wir sind so frei wie nie in unseren Entscheidungsmöglichkeiten und auch die älteren Generationen werden offener gegenüber alternativen Lebensgestaltungen, wie sich in den aktuellen Wertestudien zeigt.

Dadurch erlebst du aber auch die Qual der Wahl: Heutzutage sieht sich der Mensch mit einer immer stärker wachsenden Alternativenvielfalt konfrontiert. Die Anzahl der möglichen Studiengänge ist ebenso gestiegen wie die der Berufe. In den Supermärkten können wir nicht mehr zwischen zwei Waschpulvern wählen, sondern zwischen fünf bis sechs für Buntwäsche, weiße Wäsche, schwarze Wäsche und Feinwäsche. Die Wahlmöglichkeiten nehmen laut dem amerikanischen Psychologen Barry Schwart in allen Lebensbereichen permanent zu.Entgegen der gängigen Annahme, dass ein Mehr an Entscheidungen positiv für den Menschen ist, postuliert Schwart, dass die Alternativenvielfalt dazu führt, dass die Menschen sich überfordert fühlen und Angst haben, die falsche Entscheidung zu treffen. Dabei kann es sich um etwas so Simples wie die richtige Marmeladensorte handeln, aber auch etwas so Einschneidendes wie die Wahl des Lebenspartners. Wie bereits zuvor festgestellt, beinhaltet die Entscheidung für etwas auch immer die Entscheidung gegen etwas und weckt somit die Angst im Menschen, etwas zu verpassen.

Um sich zu beruhigen und dem bereits schon vor der endgültigen Entscheidung aufsteigenden Reuegefühl etwas entgegenzusetzen, zögern viele Personen eine Entscheidung möglichst lange hinaus. Langwieriges Abwägen und das Durchspielen verschiedenster Szenarien, Vergleichen von Optionen und immer wieder Überprüfen der Angebote macht aber ebenso wenig glücklich wie das Nichtentscheiden. Die Optionenvielfalt macht laut verschiedener Studien also langfristig eher unglücklich, etwa belegt durch die Wissenschaftler Sheena Sethi Iyengar von der Columbia University und Mark R. *Lepper der Stanford University* oder im Buch „The Paradox of Choice" von dem bereits erwähnten Psychologen Barry Schwart.

Kapitel 4 – Werte und ihre Auswirkungen auf unsere Wünsche

Die Angst vor einer Fehlentscheidung kann sogar dazu führen, dass Menschen große Mühen auf sich nehmen, Optionen zu finden, die sie revidieren können, so belegt von Daniel Gilbert und Jane E. Ebert. Diese Entscheidungen werden von Personen klar bevorzugt. Das geht sogar soweit, dass die Personen bereit sind, Geld dafür zu zahlen, dass ihnen alternative Optionen offen stehen – auch wenn sie wissen, dass sie diese niemals nutzen werden, so Dan Ariely, der sich auch in einem Buch damit befasst, warum Menschen immer wieder unnütze Entscheidungen treffen.

Bringt die Auseinandersetzung mit Werten mich weiter?

Wie lassen sich diese Modelle auf dich übertragen? Nützt es am Ende gar nichts, wenn du dich mit deinen Werten und Lebensträumen auseinandersetzt und so abwägen möchtest, was dir im Leben wichtig ist? Solltest du einfach auf dein Bauchgefühl hören oder einen durchdachten Entscheidungsprozess anstreben?

So einfach lassen sich diese Fragen nicht beantworten. Die Entscheidungsforschung hat festgestellt, dass es einen Unterschied macht, ob es sich um eine simultane oder eine sequentielle Entscheidung handelt, wir uns also jetzt im Augenblick für etwas im Jetzt und Hier entscheiden oder mehr Eventualitäten mit hineinrechnen müssen. Bei Ersterem fährst du mit deinem Bauchgefühl meist sehr gut, während für eine sequentielle Entscheidung ein durchdachter Entscheidungsprozess meist als günstigere Variante bewertet wird.

Zudem orientieren wir uns bei Entscheidungen auch an sozialen Standards und wir schauen, wie sich andere Menschen verhalten. Die Orientierung an anderen vermittelt uns ein Gefühl von Sicherheit, insbesondere dann, wenn wir uns in einer gänzlich unbekannten Situation befinden. Trotzdem sind Wünsche etwas ganz Persönliches. Über die Sinnhaftigkeit von Präferenzen lässt sich nach heutigem Kenntnisstand kein rationales Urteil fällen.

Bleib also wertungsfrei, wenn du dich mit deinen Werten, Wünschen und Lebensträumen auseinander zu setzen beginnst: Kein Wunsch ist besser oder schlechter als der andere. Je nach Persönlichkeitsmerkmalen kann sogar des einen Wunsch des anderen Albtraum sein und umgekehrt. Bewahre dir eine gewisse Flexibilität und Offenheit gegenüber den eigenen Bedürfnissen, statt rigide Vorstellungen zu hegen, was du dir zu wünschen hättest. Hast du dir erst mal vor Augen geführt, dass die eigene Persönlichkeit maßgeblich ist für die ganz eigenen Wünsche und Lebensträume, ist auch klar, dass du dir selbst und deinen Bedürfnissen gegenüber offen sein solltest, ganz unabhängig davon, was für Werte und Lebensträume in deiner Kultur als besonders erstrebenswert gelten. Sie können als Richtlinie genutzt werden, oder als Startschuss, um das eigene Leben zu überdenken, sollten aber keinesfalls als einzig erstrebenswertes Ideal gesehen werden.

Zudem können deine Bedürfnisse auch vollkommen gegensätzlich sein und verschiedene Aspekte deiner Persönlichkeit betreffen. Das bedeutet nicht, dass du dich nicht entscheiden kannst oder seltsam bist, sondern du vielleicht einfach verschiedene Anteile in dir hast, die alle gesehen werden möchten.

Das es lohnenswert ist, sich mit seinen Wünschen auseinander zu setzen, zeigt sich daran, dass du so herausfindest, ob und welche Träume du wirklich in die Tat umsetzen möchtest. Mitunter kann es sein, dass einem nur die Idee von einer Sache gefällt, man an der eigentlichen Umsetzung aber gar nicht wirklich interessiert ist, weil sie nicht zu einem passt. In dem Fall macht es wenig Sinn, diese Sache weiter zu verfolgen und dabei doch immer nur festzustellen, dass man sich dabei selber sabotiert oder anderweitig verhindert, dass es zu einer Umsetzung kommt.

Manche Ideen eignen sich zum Tagträumen und machen in der Vorstellung jede Menge Spaß, gehören aber nicht wirklich zu den Lebensträumen, die du ehrlich umsetzen willst. Erlaube dir das Träumen und hab Spaß dabei, investiere deine Energie aber in Wünsche, die du tatsächlich verwirklichen möchtest.

Du hast dein Studium mit Bravour gemeistert und könntest in einer tollen Kanzlei Karriere machen, sehnst dich aber danach Hausmann und Vater zu sein? Du hast deine ganze Jugend dem Leistungssport gewidmet und stellst jetzt aber fest, dass diese Zeit vorbei ist und du etwas völlig anderes machen möchtest? Freue dich, dass du so genau weißt, was du eigentlich willst, statt dir deswegen Vorwürfe zu machen und sei dir selber gegenüber ehrlich. Erlaube dir, deine Träume unzensiert zu betrachten, unabhängig von Status, Bildung und der Meinung anderer. Deine Träume und Werte können sich im Laufe deines Lebens genau wie auch die Werte einer Gesellschaft wandeln. Nicht immer ist es dann leicht, sie loszulassen – vor allem dann, wenn sie einen lange begleitet haben und man viel Zeit, Mühe und Energie in ihre Verwirklichung investiert hat. Aber hast du erkannt und akzeptiert, dass dieser Weg für dich hier zu Ende geht, dann ist wieder Platz für Neues, was deinem Leben eine völlig neue Wendung geben kann. Offenheit und Ehrlichkeit sind hier ganz wichtige Begleiter für dich. Halte dir vor Augen, dass nur du dein Leben leben kannst und dass du dafür verantwortlich bist, dass es dir gut geht.

Welchen Sinn hat es, in Schuhen, die dir eine Nummer zu klein oder zu groß sind oder die einfach nicht zu dir passen, durch dein Leben zu laufen, nur weil du sie irgendwann mal gekauft hast? Wenn dir manche Wünsche unpassend oder sogar peinlich erscheinen, kannst du ja genau abwägen, ob und mit wem du sie teilen möchtest. Vielleicht sind sie auch etwas ganz Privates nur für dich, deren Umsetzung du im Stillen verfolgst.

Flexibilität und Offenheit sind auch dann wichtig, wenn du merkst, dass du dir bestimmte Wünsche oder Lebensziele mit einer Vehemenz vorschreibst, die nichts mehr mit Disziplin oder Durchhaltevermögen, sondern mit Zwang zu tun hat. Das kann zum Beispiel der Fall sein, wenn du dich immer in einem bestimmten Licht gesehen hast und diese Idee von dir nicht aufgeben willst, obwohl du dich längst weiterentwickelt hast und sie gar nicht mehr up to date ist. Oder aber wenn du denkst, du müsstest deines Alters, deines Standes oder deiner Ausbildung entsprechend dieses oder jenes vom Leben wollen und dann daran festhältst.

Keine Angst vor Fehlentscheidungen!

Was aber, wenn ich mich falsch entschieden habe? Wenn ich alles auf eine Karte gesetzt habe und dann merke, dass es nicht das Richtige ist? Das kann ich doch keinem sagen? Da mache ich mich ja lächerlich oder unglaubwürdig? Wer sollte mich danach noch ernst nehmen?

Menschen haben laut der sogenannten Dissonanztheorie große Probleme damit, eine Fehlentscheidung vor sich selbst und ihrem Umfeld zuzugeben. Sie versuchen diese im Nachhinein zu legitimieren und manchmal auf recht abenteuerliche Weise zu rechtfertigen. Dadurch wird die Situation für die betroffene Person aber nicht wirklich besser. Kognitive Dissonanz bedeutet, dass die Konsistenz von Einstellungen, Gefühlen und Verhalten nicht gegeben ist. Ein sehr drastisches Beispiel: Ist jemand überzeugter Vegetarier, arbeitet allerdings in einem Schlachthof, passen die Werte und das Handeln dieser Person nicht zusammen und diese dauerhafte Dissonanz kann für sie psychisch sehr belastend sein.

Dieses Muster kann dann auftreten, wenn du deinen Herzenswünschen nicht folgst und du ein altes Verhalten weiter beibehältst, auch wenn es dich schon lange nicht mehr glücklich macht und dir mehr schadet als nützt. Oder aber du fürchtest dich so sehr vor dieser Möglichkeit der Fehlentscheidung, dass du dein eigenes Unterlassen von Änderungen legitimierst, auch wenn dich deine aktuelle Situation schon lange nicht mehr zufrieden stellt. Dieses Verhalten sieht man oft von Personen, die in einer toxischen Beziehung gefangen sind. Die Angst vor

Kapitel 4 – Werte und ihre Auswirkungen auf unsere Wünsche

einer ungewissen Zukunft ist so groß, dass Menschen lieber in einer für sie psychisch und vielleicht auch physisch ungesunden Beziehung bleiben, anstatt sich aus der Situation zu lösen. Weißt du um dieses Muster, kannst du dem Ganzen aufmerksamer begegnen und deine Wünsche dahingehend überprüfen. Du kannst dich bei unangebrachten Rechtfertigungen beobachten und dich fragen, was dir wichtiger ist: Das Urteil der anderen oder ein Leben, mit dem du dich wohl fühlst – die absolute Sicherheit (die es ohnehin nicht gibt) oder die Hoffnung, dass die Veränderung sich positiv auf dein Leben auswirken wird.

Sei dabei ganz behutsam und liebevoll mit dir. Irren ist zwar menschlich, aber doch gibt keiner von uns gerne zu, wenn er sich vertan und eine falsche Entscheidung getroffen hat. Im achtsamen Umgang mit dir und deinen Gedanken wirst du immer schneller und leichter feststellen, wenn du in dieses Verhaltensmuster zu fallen drohst und du kannst dann entscheiden, ob du dich stark genug fühlst, einen anderen Weg zu gehen, der eher deinem wahren Selbst entspricht.

Kapitel 5 – Ich mache mich auf den Weg

Wenn du dich auf eine Prüfung vorbereitest oder eine Wanderung planst, ist es hilfreich, wenn du vorher bestimmte Informationen sammelst. Du kannst - um beim Beispiel der Prüfung zu bleiben - überprüfen, wie du aktuell im Stoff stehst und wo noch Lücken sind, welche Bereiche du noch einmal vertiefen solltest und wo wirklich große Lücken vorherrschen, die unbedingt deine Aufmerksamkeit benötigen. Falls möglich, kannst du dir alte Prüfungen ansehen, um dir ein Bild von der auf dich zukommenden Aufgabe zu machen oder die Prüferin bitten, dir ein paar Anhaltspunkte zu geben, um dich entsprechend vorzubereiten. Vielleicht benötigst du eine bestimmte Punktzahl, um die Prüfung zu bestehen und deinen Führerschein, deinen Studienabschluss oder dein Sprachzertifikat zu erhalten. Du gleichst Ist- und Sollzustand ab – was weiß ich aktuell und was muss ich für die Prüfung wissen, um die besagte Punktzahl zu erzielen?

Auch bei der Planung einer Wanderung oder Radtour läuft die Vorbereitung im Grunde genommen ähnlich ab: Du steckst dir ein Ziel und ermittelst, wie du am besten von deinem jetzigen Standpunkt zu diesem kommst. Du überlegst, wie viele Kilometer du in einem bestimmten Zeitraum fahren oder wandern kannst, wie viele Pausen du brauchst und ob das Setzen von Etappenzielen notwendig ist. Wenn du eine größere Tour planst, bereitest du dich möglicherweise auch mit einem entsprechenden Training vor, da du deine Kondition erst ausbauen musst, um diese Distanz zu schaffen.

Ähnlich ist es bei einem so großen und mutigen Projekt wie dem Annähern an und Umsetzen von Herzensträumen. Du solltest wissen, wo du stehst, wo es dich hinzieht und wie du diese Reise so gestalten kannst, dass sie für dich zu einem tollen Erlebnis wird. Am besten geht das für viele Menschen durch einen direkten Dialog mit sich selbst. Natürlich kannst du auch mit deinen Herzensmenschen über das Thema reden, aber hier besteht die Gefahr, dass du dich von der Meinung anderer bewusst oder unbewusst beeinflussen oder verunsichern lässt. Du kennst dich am besten und weißt, welcher Ansatz der richtige für dich ist.

Erste Schritte

Als Allererstes könntest du dir die Frage stellen, warum du dieses Buch eigentlich liest? Was hat dich daran angezogen? Ist dir der Titel zufällig ins Auge gesprungen und hat eine unentdeckte Seite in dir zum Klingen gebracht, stehst du vermutlich noch ganz am Anfang deiner Reise zu deinen Lebensträumen und bist vielleicht selbst noch etwas überrascht von diesen Gedanken und Ideen. Wenn dies der Fall sein sollte, nimm dir besonders viel Zeit beim weiteren Lesen und auch bei den kommenden Übungen. Diese können dich darin unterstützen, dir über deine Lebensträume und Werte klar zu werden. Diese Auseinandersetzung mit tiefsten Wünschen und Ideen kann aber ebenso wie die vorherige Auseinandersetzung mit Aspekten, die Sterbende am meisten in ihrem Leben bereuen, sehr persönlich und emotional werden.

Daher ist es wichtig, dass du sehr gut auf dich Acht gibst und dir immer wieder mit liebevollem Verständnis begegnest.

Beschäftigst du dich schon länger mit dem Thema und hast du deshalb gezielt nach einem entsprechenden Buch gesucht, sind dir einige Ansätze nicht mehr ganz so fremd und du wirst vermutlich bereits mutiger geworden sein, wenn es um Dinge wie Innenschau und das Auseinandersetzen mit den eigenen Emotionen geht.

Unabhängig davon, wo du gerade stehst, kannst du sicher spüren, dass es wichtig für dich ist, deinen eigenen Werten zu folgen – sonst würdest du dieses Buch nicht lesen. Wie bereits erwähnt, wurde in verschiedenen wissenschaftlichen Disziplinen erforscht, was mit Personen passiert, die ihren eigenen Werten nicht folgen – entweder, weil sie von außen dazu genötigt werden, sich selbst bestimmten Richtlinien unterwerfen oder möglicherweise gar nicht mehr wissen, was wirklich zu ihnen gehört und was sie von außen übernommen haben: Sie erleben sowohl geistigen als auch körperlichen Stress durch das sogenannte einstellungsdiskrepante Verhalten. Das ist dann gegeben, wenn deine Ideen, Emotionen und Werte nicht mit dem übereinstimmen, was du sagst oder tust. Bist du ein sehr empfindsamer Mensch, gibst dich nach außen aber kühl, kann das zu einer Dissonanz führen. Ein Teil von dir steht im Widerspruch zu einem anderen Teil. Lachst du bei einem sexistischen Witz, obwohl er dich tief verletzt, bist du durch deinen Beruf dazu gezwungen wider deine Überzeugungen zu handeln oder verbirgst du bestimmte Teile deiner Persönlichkeit durch komplett entgegengesetztes Handeln, erfordert das eine riesige Arbeitsleistung. Du kennst vermutlich selbst dieses kräftezehrende Durchhalten, wenn du in einer Situation bist, in der du dich sehr zusammenreißen musst, nur, um nicht aus Versehen das zu sagen, was du wirklich denkst.

Daher ist es von enormer Wichtigkeit, dass du deinen Werten folgst, überprüfst, welche Überzeugungen und Wünsche deine eigenen sind, ob sie dir gut tun und wie du zu dem Menschen werden kannst, der du eigentlich sein willst.

Wo stehe ich gerade?

Wie bereits erwähnt, ist es sehr hilfreich, zu wissen, wo du gerade stehst. Diese Zustandsermittlung kann schmerzhaft sein, denn nicht immer sind wir glücklich damit, wie sich unser Leben entwickelt hat und was aus uns geworden ist. Besonders wichtig dabei ist: Bitte verurteile dich nicht für vergangene Entscheidungen oder ein Verhalten, dass dir heute unangenehm oder fremd ist. Akzeptiere was gewesen ist und konzentriere dich darauf, was du im Hier und Jetzt tun kannst, um in Zukunft ein Leben zu führen, dass dich erfüllt und dir in allen Belangen entspricht.

Ganz gleich, ob du noch ziemlich am Anfang, in der Mitte oder schon weiter am Ende deines Lebenswegs stehst – die Tatsache, dass du den Mut aufgebracht hast, dich und dein Leben mit neuen Augen zu betrachten und dich auf die Suche nach deinen Wünschen und Lebensträumen zu machen, verdient Anerkennung. Du stellst dich deinen Fragen und hältst widersprüchliche Emotionen aus, um anschließend ein Leben führen zu können, dass du voll auskostest.

Es kann hilfreich sein, deine Kindheits- und Jugendwünsche mit deinem heutigen Leben zu vergleichen und auch deinen Verhaltens- und Denkmustern besondere Aufmerksamkeit zu schenken. Machen diese dich glücklich? Wählst du die Dinge in deinem Leben bewusst oder hast du das Gefühl, dir passiert einfach alles und die Jahre ziehen an dir vorüber? Bist du bereit, dich wirklich auf den Prozess einzulassen und hast du vielleicht auch schon einiges an innerer Vorarbeit geleistet? Es ist keinesfalls leicht, Gewohnheiten aufzugeben. Das trifft auch auf Denkmuster oder die Wortwahl zu. Deshalb kann es sehr hilfreich sein, dich ganz bewusst dafür zu entscheiden und diese Entscheidung für dich auch als verbindlich wahrzunehmen.

Stehst du noch ganz am Anfang, ist es wie gesagt besonders wichtig, dass du bei diesem Prozess achtsam mit dir umgehst, anerkennst wo deine persönlichen Grenzen sind und diese auch achtest. Es hilft dir nicht, wenn du bei deinem Versuch, deine Wahrheit zu leben, über deine Kräfte hinausgehst und dich überforderst. Gibt dir Zeit für dieses Projekt und erlaube dir alle Zeit der Welt, um dich zu dem Menschen zu entwickeln, der du sein willst.

Wo möchte ich hin?

Genau wie bei dem Beispiel mit der Wanderung oder Radtour ist neben der Benennung des Startpunktes auch die Festlegung des Ziels wichtig. Du kennst das sicher von dir selbst: Schwammige Aussagen, wie „Ich möchte fitter werden" oder „Ich möchte weniger streng mit mir sein", sind schwer umzusetzen, weil sie keinen konkreten Handlungsauftrag an dich stellen. Sie sind zudem schwer zu überprüfen, denn wann bist du etwas fitter? Was bedeutet es, weniger streng mit dir zu sein? Die richtige Zielsetzung kann dir sehr dabei helfen, dich bei der Umsetzung deiner Lebensträume zu unterstützen, wenn du sie erstmal ermittelt hast.

Sei smart - eine einfache Methode zum Benennen von Zielen

Besonders populär ist die SMART-Methode bei der Umsetzung von Zielen. Vielleicht hast du schon einmal davon gehört? SMART ist ein Akronym, also ein Kurzwort, das aus den Anfangsbuchstaben anderer Wörter gebildet wird.

Der erste Buchstabe steht für das Wort „spezifisch". Dein Ziel solltest du klar und präzise in einem Satz benennen können. Schwammiges Formulieren bieten dir unterbewusst Schlupfwinkel, die bei der Umsetzung für Schwierigkeiten sorgen können. „Ich möchte etwas fitter werden" beschreibt dein Ziel nicht genau und du kannst es dir nicht sofort klar vorstellen. Zweifel und Unsicherheiten belasten dich allerdings nur zusätzlich, wenn du doch alle Kraft dafür einsetzen willst, dich deinem Ziel zu nähern. „Ich möchte so fit sein, dass ich am Tag x 5 km am Stück bei einer Geschwindigkeit von x laufen kann, während ich mich mit meinem Laufpartner unterhalte" ist deutlich präziser und leichter zu visualisieren.

Der Buchstabe M steht für das Wort „messbar". Dein Ziel sollte messbar sein und du solltest in der Umsetzungsphase klar erkennen können, ob du dich deinem Ziel näherst. So erlebst du zum einen ein Erfolgserlebnis, wenn du dein Ziel klar erreicht hast, zum anderen kannst du deinen Fortschritt bewusst wahrnehmen. Um beim Beispiel Joggen zu bleiben: Formulierst du dein Ziel mit einer präzisen Angabe: „Ich möchte so fit sein, dass ich am Tag x 5 km am Stück bei einer Geschwindigkeit von x laufen kann", dann kannst du deinen Fortschritt klar nach jeder Trainingseinheit benennen.

Der Buchstabe A steht je nach Auslegung für „akzeptiert" oder „attraktiv". Das Ziel muss von dir als umsetzende Person klar akzeptiert werden und für dich so attraktiv sein, dass du deine ganze Kraft hineinsteckst. Wird dir der Auftrag beispielsweise von außen vorgegeben, du hast aber eigentlich gar keine Ambitionen diesen umzusetzen, weil du ihn falsch oder schlicht langweilig findest, wirst du dich kaum so engagieren, als wenn du vollkommen von der Sache überzeugt bist. Das Gleiche greift auch bei Zielen, die wir uns selber setzen. Wir müssen uns das Ganze schmackhaft machen und natürlich auch hier prüfen, ob wir wirklich überzeugt sind, von dem was wir tun.

Der Buchstabe R steht für das Wort „realistisch". Dieser Aspekt ist den meisten von uns durchaus bewusst; trotzdem kommt es immer wieder vor, dass wir uns Aufgaben setzen, an denen wir scheitern müssen – einfach, weil sie nicht realistisch sind. „Oh, eine Einladung zum Klassentreffen in vier Wochen. Bis dahin nehme ich 25 Kilo ab." „Oh, die ausgeschriebene Stelle klingt sehr ansprechend. Die nötigen Qualifikationen schaffe ich mir bis zum Vorstellungsgespräch in zwei Tagen in einer Nacht-und-Nebel-Aktion drauf!" Scheitern wirkt extrem demotivierend, sodass wir gut daran tun, unsere Ziele sorgsam auf ihre Umsetzbarkeit zu überprüfen und uns nicht zu viel zuzumuten.

Der letzte Buchstabe T steht für das Wort „terminiert": Dein Ziel braucht einen zeitlich abgesteckten Rahmen. Wie oben bereits erwähnt, darf dieser natürlich nicht zu eng ausfallen, damit du dich nicht überforderst und dein Ziel realistisch bleibt. Es ist aber auch nicht gut, wenn du dir gar keinen zeitlichen Bezugsrahmen setzt, denn dann ist die Gefahr der „Aufschieberitis" besonders groß. Auch diese kann sich sehr demotivierend auswirken, denn innerlich weißt du meistens, wann du Dinge aufschiebst und das erzeugt Frust. Paradoxerweise macht es das Anfangen zusätzlich schwerer, denn du siehst, wie viel Zeit vergangen ist und dass du immer noch nicht vom Fleck gekommen bist.

Mit der SMART-Methode fällt es dir möglicherweise leichter, deine Ziele zu benennen. Probiere es einfach einmal aus:

Mein SMART-ZIEL:
Spezifisch:
Messbar:
Attraktiv/Akzeptiert:
Realistisch:
Terminiert:

Ich weiß, wo ich hin will - wieso komme ich trotzdem nicht vom Fleck?

Wenn du für dich klar definiert hast, wohin es gehen soll und deine Landkarte quasi vor dir liegt, ist die Motivation sicher sehr groß, das Abenteuer anzugehen. Trotzdem spuken dir vielleicht im Hinterkopf Gedanken herum, die dagegen halten und dich dazu bringen, deine Träume mal wieder auf später verschieben zu wollen. Was ist es, was dich davon abhält, deine Träume zu benennen? Was hindert dich daran, diese zu verwirklichen? Wenn wir davon ausgehen, dass du dir realistische Träume als Lebensziele gesetzt hast und Aspekte wie mangelnde finanzielle Mittel, körperliche oder geistige Voraussetzungen ausscheiden, du aber trotzdem bisher an der Umsetzung gescheitert bist, kann das mit deiner Einstellung deinen Träumen gegenüber und unbewussten Ängsten zusammen hängen.

Wir sind Meister darin, uns ungewollte, aber bequeme Situationen schön zu reden, damit wir nicht aus dem Gewohnten ausbrechen müssen. Auch durch Angst bedingtes Vermeidungsverhalten können wir auf abenteuerlichste Weise erklären und vor uns und anderen rechtfertigen. Nur leider betrügen wir uns so vor allem um ein erfülltes Leben.

Einer der Hauptgründe, warum Menschen daran scheitern, ihre Lebensträume in die Tat umzusetzen, ist die Angst vor dem Unbekannten. Alles, was wir nicht kennen, ist prinzipiell bedrohlich. Vertrautes, auch wenn es uns nicht gefällt, gibt uns bis zu einem gewissen Grad Sicherheit und Stabilität. Wir haben ein Gefühl von Kontrolle und unerwünschte Überraschungen sind selten. Diese Situation ist vielleicht nicht besonders spannend, aber eben auch sehr bequem. Bequemlichkeit ist neben der Angst vor dem Unbekannten ein weiterer großer Faktor, der dich davon abhalten kann, deine Wünsche anzugehen. Das klingt nicht gerade schmeichelhaft – aber keine Sorge, du bist damit nicht alleine! Wenn der Alltag schon Stress pur ist, wer hat dann noch die Kraft, sich um seine Lebensträume zu kümmern. Bist du der Meinung, dass das nur etwas für die vom Leben verwöhnten Sonnenkinder ist, die sich um Rechnungen, Altersvorsorge und den kaputten Toaster keinen Kopf machen müssen? Oder ist das Träumen und Verfolgen dieser Träume in deinen Augen ein Vorrecht der Jugend und für Menschen deines Alters einfach nur kindisch? Wenn dich diese Gedanken umgeben, kann es auch sein, dass du noch immer den Weg des geringsten Widerstandes gehst. Folgst du den Lebensentwürfen anderer Leute, kannst du meist bequem ausgetretene Pfade entlang spazieren. Es gibt vielleicht nicht viel zu sehen außer abgelaufener Steine, aber der Weg ist leicht und unbeschwert. Weder musst du dich vor unerwarteten Steigungen oder Hindernissen schützen, noch bei einer Abzweigung selbst entscheiden, wo es lang geht. Und wenn der Weg doch einmal unangenehm werden sollte, kannst du dich entspannt zurücklehnen und dich beklagen, denn du hast ihn ja nicht ausgewählt. Weichst du dagegen von den ausgetretenen Pfaden ab und entscheidest dich nicht für die Route, die am wenigsten Probleme und am schnellsten Sicherheit verspricht, lässt du dich auf ein unkalkulierbares Abenteuer ein: Bei diesem geht es nicht nur darum, schnellstmöglich irgendwo anzukommen, sondern der Weg selbst wird bereits zu einem spannenden Erlebnis!

Was werden die anderen sagen?

Auch die Angst vor der Reaktion anderer kann hemmend auf dich wirken. Was werden meine Kinder sagen, wenn ich plötzlich zum Bauchtanz gehe? Was meint mein Lieblingsmensch dazu, wenn ich ihm eröffne, dass ich mein Leben lang eine eigene Wohnung haben wollte? Und enttäusche ich meine Eltern, wenn ich nach dem langen Jura-Studium doch lieber in einem Café arbeiten will? Bin ich ihnen nicht allen etwas schuldig und kann nicht so egoistisch meine Ziele verfolgen? Gerade die älteren Generationen haben von Kindheitsbeinen an vermittelt bekommen, dass das Verfolgen der eigenen Lebensträume sich nicht schickt, insbesondere nicht für Frauen. Diese sollen zum Wohle der Familie zurückstecken und sich auf Partner und Kinder konzentrieren. Selbstfürsorge und das achtsame und eigenverantwortliche Gestalten des eigenen Lebens haben aber keinesfalls etwas mit Egoismus zu tun.

Darf ich mich überhaupt verändern?

Wenn du deinen Lebensträumen folgen willst, kann das zu deutlichen Veränderungen in deinem Verhalten und Erleben führen. Mitunter ist es auch möglich, dass du deine Einstellungen, Werte und Normen änderst oder endlich vor dir selbst zugibst, dass die, die du lebst, nicht wirklich dir entsprechen und dir etwas anderes wichtig ist. Zwar haben Einstellung und Verhalten ohnehin nicht zwingend miteinander zu tun, wie bereist LaPiere 1934 in einer soziologischen Studie belegte, aber wir selbst wissen ja um unser Innerstes – wenn es auch mitunter versteckt in einer Ecke im Hinterstübchen schlummern mag – und fühlen, wenn da was nicht zusammenpasst, oder wir uns mit bestimmten Werten und Normen nicht mehr identifizieren können.

„Das haben wir aber doch schon immer so gemacht!"

„Aber du warst doch dein ganzes Leben lang dagegen?!"

„Jetzt denkst du plötzlich so? Wer soll dir das denn abkaufen?"

Wenn du solche Sätze befürchtest, nachdem du dich geändert hast, bist du nicht alleine. Vor allem, wenn Menschen an lang festgehaltenen Glaubenssätzen zweifeln oder ein bisher an den Tag gelegtes Verhalten ändern wollen, stellen sie sich – insbesondere Frauen – häufig Fragen wie: Darf ich mich überhaupt ändern? Habe ich das Recht dazu, nachdem ich doch all die Jahre so gelebt habe und mein Umfeld auch daran gewöhnt ist? Mache ich mich damit nicht lächerlich, unglaubwürdig oder unauthentisch?

Natürlich hast du das Recht dazu, dich zu verändern! Viele Menschen erwarten von sich eine Kontinuität im Erleben und Verhalten, die so nicht zu erfüllen ist. Schließlich befindet sich nicht nur die Welt im stetigen Wechsel, sondern auch du. Die Frage, ob du dich verändern darfst oder sollst, kannst nur du alleine entscheiden und wenn eine Veränderung zur Erreichung deiner Lebensträume notwendig ist, dann ist das eben so.

Kapitel 5 – Ich mache mich auf den Weg

Die Angst vor dem eigenen Scheitern ist dabei nur natürlich. Laut dem Psychologen Peter Festinger erleben viele Menschen direkt nach dem Treffen einer Entscheidung die sogenannte kognitive Dissonanz: Etwaige belastende Gefühle wie Reue oder Zweifel werden schon vorab angenommen, bevor sich die Person überhaupt entschieden hat. In deinem Fall kann sich das so äußern, dass du dir einen Wunsch nicht eingestehen möchtest, weil du vor den möglichen Folgen Angst hast. Vielleicht hast du Angst zu scheitern oder du fürchtest dich vor der Meinung der Anderen. Möglicherweise hegst du doch die Vermutung, dass das Verwirklichen von Lebensträumen zu egoistisch ist und du dich lieber um deinen Lieblingsmenschen, Beruf, deine Kinder oder deine Eltern kümmern solltest, anstatt in dich und dein Glück zu investieren. Dieser Gedanke ist allerdings zu kurz gefasst. Bei der Verwirklichung der Lebensträume ist es wie bei einem Notfall im Flugzeug: Zuerst musst du dir selbst die Sauerstoffmaske aufsetzen, um anderen danach helfen zu können. Dein Gefäß muss voll sein, damit du anderen etwas geben kannst.

Niemand verlangt von dir, dass du wie ein egozentriertes Etwas nur noch um dich selbst kreist und deine Empathie und Nächstenliebe ablegst. So ist das keinesfalls gemeint! Aber Selbstfürsorge und Selbstliebe sind absolut notwendig, wenn du dazu in der Lage sein möchtest, dich gut und frei von Erwartungen um andere kümmern zu können. Wer immer nur gibt und gibt, hat irgendwann nichts mehr, dass er geben kann. Und wenn du zu den Menschen gehörst, die zwar klaglos geben, aber innerlich eine kleine Strichliste führen und vergleichen und insgeheim darauf warten, dass ihr Gegenüber dann auch aktiv wird und sich um sie kümmert, dann wirst du sicher schon erlebt haben, dass diese Sicht der Dinge sehr frustrierend sein kann und unzufrieden macht. Vielleicht hast du auch schon mehrfach erlebt, dass deine Erwartungen enttäuscht wurden und daher tust du dich damit schwer, dich vor dir selbst oder auch vor anderen zu einem Lebenstraum zu bekennen und diesen klar und deutlich zu benennen.

Was hält mich davon ab, meine Träume zu benennen und zu verwirklichen?

Entscheidungen haben Konsequenzen. Wenn wir Dinge verändern, beutet das nicht nur für uns ein Ausbrechen aus dem Gewohnten, sondern auch für unsere Mitmenschen. Sowohl im privaten Umfeld als auch im beruflichen können Bestrebungen das eigene Leben zu verändern auf Gegenwind stoßen. Dieser Unwille hat nicht unbedingt immer etwas mit Neid oder Missgunst zu tun. Mitunter haben die Menschen einfach Angst vor Veränderung, weil sie nicht wissen, wie sich diese auf sie und ihr Leben auswirkt. Ein vermeintlicher Kontrollverlust ist für die meisten Menschen schwierig.

Vielleicht ist es aber auch so, dass dein bisheriges Verhalten für bestimmte Personen in deinem Umfeld sehr bequem war. Änderst du dies jetzt und verfolgst deine Ziele, statt wie bisher zurück zu stecken, erfordert das ein Umdenken und Umplanen der anderen und das ist natürlich ziemlich unangenehm. In besonders drastischen Fällen kann das Verfolgen der eigenen Träume dazu führen, dass du an einen Scheideweg kommst und dich für eine Sache entscheiden musst. Gebe ich diesem Arbeitgeber noch eine Chance oder wage ich den endgültigen Schritt in die Selbstständigkeit? Folge ich dem Weiterbildungsangebot und opfere dafür meine Freizeit? Lasse ich mich auf die Beziehung in der neuen Stadt ein und gebe dafür das Leben in meinem vertrauten Umfeld auf?

Mitunter kann es auch sein, dass dir Leute ein Ultimatum setzen, um dich damit in deiner alten Rolle zu halten: „Wenn du dies und das tust oder eben nicht tust, mache ich dieses und jenes." Solch ein Verhalten ist schade, aber wenn du dir klar machst, wie bedrohlich Veränderungen für manche Menschen sein können, kannst du vielleicht besser damit umgehen. Lass allerdings keineswegs zu, dass diese Druckmittel deine Entscheidungen beeinflussen. Überlege dir vorab sorgfältig, was du für deine

Träume bereit zu geben bist und welche Konsequenzen deine Entscheidungen haben. Nicht immer ist der Weg zur Erfüllung deiner Träume nur angenehm – aber wenn du weißt, warum du ihn gehst, kannst du ihn leichter gehen, mit dem Ziel fest vor Augen. Sei bei der Einschätzung so ehrlich wie möglich und frage dich, ob du wirklich bereit dafür bist.

Was würde sich verändern, wenn ich mich auf den Weg mache?

Ehrlichkeit ist auch gefragt, wenn du dir überlegst, welche Veränderungen beim Verfolgen deiner Lebensträume auf dich zukommen könnten. Wenn wir uns mit unseren Träumen und Ziele beschäftigen, dominieren häufig zwei Sichtweisen: Zum einen ist da die Angst, dass wir scheitern könnten, zum anderen eine große Vorfreude, auf das, was sein wird. Nicht immer aber beziehen wir dann Aspekte wie Gruppenzwang, Erwartungsdruck, Vorwürfe von Autoritäten und Freunden und das notwendige Ablegen von vermeintlichen Sicherheitsgedanken in unsere Vorstellung mit ein. Kannst du damit leben, wenn Leute sich von dir abwenden, weil du dich gegen ihre Normen entscheidest.

Schon kleine Dinge können das empfindliche soziale Gefüge ins Wanken bringen. Hattest du beispielsweise schon immer Probleme mit dem Weihnachtsstress daheim und konntest dir nichts Schöneres vorstellen, als ganz weit weg von allen in einer einsamen Berghütte die stillen Tage zu begehen? Was ist aber mit der jahrelangen Tradition? Werden deine Eltern, deine Familie oder deine Kinder traurig oder brüskiert sein, wenn du ihnen mitteilst, dass du das Fest ohne sie begehen möchtest? Kannst du damit leben, wenn sie sich schwer damit tun, deine Wünsche zu respektieren? Als Gewohnheitstier wird es nicht nur die anderen, sondern auch dich vor Herausforderungen stellen, wenn du den Mut beweist, alte eingeschliffene Prozesse zu verändern. Doch auch wenn du die treibende Kraft bist, kann es sein, dass dich das Aufbrechen von alten Strukturen viel Kraft kostet, du an deiner eigenen zweifelst und deine vorherige Courage kurzfristig bereust. Mach dir klar, dass diese Gefühle und Gedanken vollkommen normal sind und akzeptiere, dass Rosen ohne Dornen eher selten zu finden sind. Lege eine imaginäre Kosten-Nutzen-Tabelle an – du kannst sie natürlich auch verschriftlichen – und sei dir gegenüber fair, wenn du merkst, dass mögliche Sanktionen dir Angst machen und der Mut dich verlässt. Vielleicht ist genau dies der Grund, warum du zwar weißt, was du eigentlich möchtest, du aber immer wieder an der Umsetzung scheiterst.

Setze dich mit deinen Befürchtungen realistisch auseinander. Das bedeutet auch, dass du mögliche Reaktionen deines Umfeldes nicht katastrophisierst und auch eine Eingewöhnungszeit einrechnest, in der sich deine Familie und Kollegen auf die Veränderungen einstellen können. Meist ist es so, dass nach anfänglicher Skepsis oder Unwillen doch eine gewisse Akzeptanz einsetzt. Halte dir aber auch immer wieder vor Augen, dass niemand dein Leben für dich leben kann. Du bist quasi der Regisseur deines Lebens und hast allein die Verantwortung für dein Tun und Handeln. Niemand anderes ist dafür zuständig, dir ein glückliches, erfülltes Dasein voller Lebensgenuss zu ermöglichen, außer du selbst. Daher ist es auch nur bedingt wichtig, dass andere deine Entscheidungen nachvollziehen und akzeptieren können. Auch hier ist natürlich das gesunde Maß entscheidend! Solltest du etwas planen, das schlecht für deine psychische oder physische Gesundheit ist oder Schwierigkeiten haben, aktuell gut für dich zu sorgen, ist der Beistand von Freunden und Familie natürlich sehr hilfreich und auch das Gespräch mit anderen in entspannteren Situationen kann dir neue Einblicke und Impulse geben. Möglicherweise haben deine Liebsten Ideen, die dir helfen könnten oder sie sehen als Unbeteiligte eine Situation objektiver und können dir bei der Klärung eines Sachverhalts helfen. Wichtig dabei ist, dass du deine innere Wahrheit genauso wichtig nimmst wie die der anderen und zu deinen Überzeugungen stehst.

Kapitel 6 – Den Wünschen auf der Spur

Sowohl in dem Kapitel „Was Sterbende am meisten bereuen" als auch in dem Kapitel „Werte" hast du dich mit dir in Dialog begeben können und sicher einige spannende oder auch überraschende Dinge über dich erfahren. In vielen Fällen ist uns unterbewusst meist klar, was wir denken und fühlen, doch das klare Aussprechen oder Aufschreiben macht es uns bewusst und verdeutlicht uns, was wir tun müssen, um unsere Ziele zu erreichen. Manche Punkte sind dir dabei vielleicht sofort klar gewesen, während es bei anderen Aspekten möglicherweise etwas haperte. Bei der Beantwortung der Fragen gibt es kein richtig oder falsch, keine guten oder schlechten Antworten, sondern nur Hinweise darauf, wie du was in deinem Leben verändern kannst, um ein Dasein ohne anschließende Reue leben zu können.

In diesem Kapitel bekommst du noch einmal verschiedene Übungen und Techniken zur Hand, mit denen du noch tiefer in die Materie abtauchen kannst, um herauszufinden, welche Wünsche und Werte du hast.

Tipps und Übungen für deine Wunschsuche

Wichtig für die Arbeit mit den Übungen: Fühle dich keinesfalls verpflichtet, eine Übung nach der anderen auszuführen, wenn dir gerade gar nicht danach ist. Du kannst sie dir erst einmal in aller Ruhe durchlesen. Dies muss nicht in einer bestimmten Reihenfolge passieren, denn die Übungen bauen nicht aufeinander auf. Du kannst also munter hin und her hüpfen und gerne zuerst das lesen, was dich am meisten anspricht. Wenn du über etwas stolperst, was so gar nicht dir entspricht und was du auf keinen Fall ausprobieren möchtest – sehr gut! Schließlich geht es in diesem Buch ja genau darum, herauszufinden, was du in deinem Leben machen möchtest, was dir wichtig ist und was dir gut tut. Nicht jeder Vorschlag wird für alle Leser passen, aber er kann vielleicht ein Hinweis sein. Die aufgelisteten Übungen und Ideen sollen als Anregungen dienen und dir einen Stups in die richtige Richtung geben. Du wirst wissen, welche Übung gerade für dich die richtige ist und welche du erst einmal außen vor lassen kannst. Vielleicht verspürst du ja zu einem späteren Zeitpunkt noch mal den Impuls, dir den Abschnitt durchzulesen und die Übung dann zu machen. Bist du dir bei einer Übung unsicher, kannst du sie ja auch einfach mal ausprobieren und dich überraschen lassen. Manchmal entdeckt man auf genau diese Weise völlig unbekannte Seiten an sich selbst.

Vorher-Nachher-Vergleich

Kennst du diese Umstyling-Seiten in Zeitschriften, in denen Personen einem Make-Over unterzogen werden. Auf der linken Seite ist meist das Vorher-Bild abgedruckt, mit einer Beschreibung der Schwachstellen, die zum Unwohlsein der Person beigetragen haben. Auf der rechten Seite wird dann die strahlende Person nach dem Make-Over gezeigt.

Diesen Ansatz kannst du für ein Gedankenexperiment nutzen: Notiere dir in einer Spalte Verhaltensmuster oder

Gedanken, die du gern ändern würdest und schreibe auch dazu, welches Gefühl diese bei dir auslösen. Auf der rechten Seite, der Nachher-Spalte, formulierst du neue Verhaltensmuster und Gedanken, von denen du glaubst, dass sie dir ein besseres Gefühl vermitteln werden und dir zuträglicher sind. Schreibe auch genau dazu, welche Emotionen diese Sätze bei dir auslösen. Vielleicht erkennst du auch einen gemeinsamen Nenner bei den alten, negativen Sätzen und den neuen, positiven Sätzen?

Schwarz auf Weiß – Glaubenssätze verschriftlichen

Wenn du dir einmal die Zeit nimmst, um deine Glaubenssätze zu notieren, positive wie negative, kann das sehr aufschlussreich sein. Glaubenssätze sind unsere ständigen Begleiter und rege Teilnehmer im inneren Dialog. Siehst du sie einmal schwarz auf weiß vor dir, wird dir vielleicht schlagartig klar, warum du dich fühlst, wie du dich fühlst und warum dir bestimmte Dinge in deinem Leben schwer fallen.

Versuche ganz wertungsfrei zu bleiben und dich nicht dafür zu verurteilen, dass manche Glaubenssätze dich noch immer begleiten, obwohl du eigentlich um sie und ihre schädliche Auswirkung weißt. Es ist nicht leicht, diese Sätze aufzugeben, da sie schon so lange ein Teil von uns sind und quasi wie von selbst in Erscheinung treten. Wenn du darum weißt und dir immer wieder bewusst machst, dass da gerade eine automatisierte Äußerung losgetreten wurde, die gar nicht unbedingt stimmen muss, kannst du die Dinge differenzierter betrachten und dir neue Denkräume schaffen.

Intuition – gib deinem Bauchgefühl eine Chance

In der Entscheidungsforschung wird auch das berühmte Bauchgefühl immer wieder untersucht. Mitunter kommen Menschen zu genauso wertigen Entscheidungen, wenn sie auf ihr Bauchgefühl vertrauen, als wenn sie eine Entscheidung lange abwägen und alle möglichen Informationen dazu einholen. Das bedeutet nicht, dass du dich nicht mehr informieren sollst, aber es lohnt sich vielleicht, seiner eigenen Intuition mehr Wert beizumessen. Fällt dir das schwer, kannst du zuerst bei ganz kleinen Dingen damit beginnen, auf dein Bauchgefühl zu achten: Hat mein Bauch da gestreikt? Wie habe ich mich anschließend in der Situation gefühlt, nachdem ich gegen mein Bauchgefühl gehandelt habe?

Hast du noch keinen Zugang zu deiner Intuition, kannst du auch zu einem kleinen Trick greifen: Stehst du vor einer klaren Ja/Nein-Entscheidung, kannst du eine Münze werfen. Dein Bauchgefühl wird sich definitiv bemerkbar machen, wenn du das Ergebnis siehst. Geht es darum, ob du den Job annehmen sollst (Kopf) oder nicht (Zahl) und du siehst die Zahl oben liegen, hast aber sofort das Bedürfnis, die Münze nochmal zu werfen - „Zwei aus drei!" – dann ist eigentlich offensichtlich, wofür du dich instinktiv entschieden hast.

Entspannung - Kraft sammeln für große Taten

Ganz gleich, ob du dich deiner Intuition nähern möchtest oder bereits auf dem Weg bist, um deinen Lebensträumen zu verwirklichen – all dies benötigt Kraft! Daher sind Entspannungsmomente unglaublich wichtig.

Gibt es eine Entspannungstechnik, die du regelmäßig praktizierst, wie beispielsweise Autogenes Training, die Progressive Muskelentspannung oder andere Techniken? Dann kannst du diese Techniken auch dazu nutzen, dir in schwierigen und stressigen Situationen rasche Erleichterung zu verschaffen. Dadurch bleibt dein Geist klar und der Körper baut keine unnötige Spannung auf, die dich bei deinem Vorhaben belasten könnte. Ein entspannter Geist ist auch kreativer und das Träumen fällt leichter. Du bist offener für das Schöne im Leben und kannst Freude und Harmonie leichter spüren und zelebrieren.

Bist du noch nicht mit Entspannungstechniken vertraut, probiere ein paar von ihnen aus und finde etwas, das für dich funktioniert und das du als Werkzeug auf deinem Weg einsetzen kannst. Lass dir etwas Zeit beim Ausprobieren, denn einige Techniken solltest du einige Zeit üben, bevor du mit einer spürbaren Wirkung rechnen kannst. Das Erlernen einer solchen Technik ist ein wunderbarer Weg der Selbstfürsorge und unterstützt dich auch in einem achtsamen Umgang mit dir und deinen Ressourcen. Je nachdem, was dir am meisten liegt, kannst du zum Ausprobieren Bücher oder CDs nutzen, Einzelstunden bei einem Lehrer nehmen, einen Gruppenkurs ausprobieren oder ein Lehr-Video ansehen und dich davon anleiten lassen.

Schnelle Entspannung zwischendurch – die Bauchatmung

Besonders schnell und überraschend effektiv ist eine tiefe Bauchatmung, auch als Abdominalatmung oder Zwerchfell-Atmung bekannt. Diese Form der Atmung ist uns angeboren: Beobachtest du ein Baby, wirst du sehen, dass es automatisch auf diese Weise atmet. Bei der Bauchatmung strömt die Luft tief in den Bauchraum; die Bauchdecke hebt sich sichtbar beim Einatmen und sinkt beim Ausatmen wieder ab. Auch Kinder atmen meist noch so; doch dann findet bei vielen Menschen der Wechsel von der Bauchatmung zur Brustatmung statt. Bei der Thorakalatmung, wie die Brustatmung auch genannt wird, bewegt sich statt des Bauches vor allem der Brustkorb; das Zwerchfell wird nach oben gezogen. Eine Mischform der beiden Atemformen ist auch verbreitet und wird in verschiedenen Disziplinen wie zum Beispiel dem Yoga auch als sogenannte Vollatmung bei Atemübungen gezielt eingesetzt. Bist du angespannt oder im Stress, verändert sich dein Atem. Er wird flacher und schneller und statt tief in den Bauch zu atmen, atmest du meist in den Brustkorb. Durch einen gezielten Wechsel zur Bauchatmung kannst du dein aufgebrachtes Nervensystem beruhigen und deine Anspannung lindern. Der Körper wird besser mit Sauerstoff versorgt, der Blutdruck sinkt und auch der Verdauungsapparat profitiert von der Bauchatmung.

Probiere es am besten selbst einmal aus. Zur Erleichterung kannst du dir eine Hand leicht auf den Bauch legen, die andere auf den Brustkorb. Nimm jetzt ein paar Atemzüge und achte darauf, welche Hand sich mehr bewegt. Wenn du dann gezielt mit der Bauchatmung beginnst und deine Luft nach unten in den Bauchraum strömen lässt, hebt sich deine untere Hand. Sei nicht frustriert, wenn dir diese Form der Atmung am Anfang nicht gleich gelingen mag. Wenn du sehr angespannt bist, kann es sein, dass sich dein Bauch nicht so gut ausdehnen kann. Das ist auch der Fall, wenn du den Bauch im Alltag viel einziehst. Sei achtsam bei den Übungen – wenn dir schwindelig wird, beende deine Übungseinheit und finde zu einem für dich normalen Atem zurück. Kleiner Tipp: Fällt dir diese Form der Atmung schwer, probiere sie im Sitzen oder im Liegen aus. In diesen Positionen wechselt der Körper für viele leichter von der Brust- zur Bauchatmung.

So viel Glück – mein Dankbarkeitstagebuch

Um deine Achtsamkeit zu schulen, dich auf das Positive zu fokussieren und deine Motivation beim Verfolgen deiner Lebensträume und Herzenswünsche aufrecht zu erhalten, kann dir ein sogenanntes Dankbarkeitstagebuch helfen. Diese gibt es mit vorgedruckten Fragen im Buchhandel zu kaufen. Du kannst aber auch einfach selbst ein Heftchen oder ein schönes Büchlein zur Hand nehmen und darin deine kleinen und großen Glücksmomente des Tages notieren. Etwas anderes kommt nicht in das Heft hinein! Nur dein gesammeltes Glück. So kannst du dir immer wieder vor Augen führen, was dir für wundervolle Momente im Leben widerfahren und dich damit motivieren. Zudem wirst du mehr auf diese Momente achten, da du ja abends etwas in deinem Büchlein notieren möchtest. Du kannst deine drei Highlights aufschreiben oder alles was dir einfällt, kurze Stichpunkte notieren oder in den schönen Erinnerungen schwelgen, indem du die Momente detailreich aufschreibst und dabei das Erlebnis noch einmal in seiner Schönheit auskostest.

Wenn du keine Lust aufs Schreiben hast, kannst du auch die Bohnenmethode wählen. Bei dieser siehst du zwar nicht, welche Glücksmomente du erlebt hast, aber wie viele. Lasse immer dann, wenn du einen schönen Moment erlebst, ein Kompliment bekommst, etwas Tolles siehst, hörst, schmeckst, lachst oder was auch immer, eine getrocknete Bohne oder etwas anderes Kleines, das du gern anfasst, von einer Hosentasche in die andere wandern. Dann siehst du abends, wie viele tolle Momente der Tag eigentlich hatte.

Neid produktiv nutzen

Neid gehört wahrscheinlich nicht zu den Emotionen, mit denen du gerne assoziiert wirst. Doch nahezu jeder Mensch beneidet von Zeit zu Zeit andere um etwas. Auch wenn du das Gefühl als solches nicht als besonders angenehm empfindest, kannst du es doch auf deiner Reise zu deinen Herzenswünschen nutzen. Wenn du das nächste Mal Neid empfindest, schiebe diesen nicht sofort innerlich zur Seite oder rüge dich dafür, sondern schau dir genauer an, was dieses Gefühl bei dir auslöst. Neid hat nicht zwingend etwas mit Missgunst zu tun. Was findest du im Leben anderer besonders erstrebenswert und was hättest du auch gerne für dich? Nähere dich deinen Lebensträumen einmal von dieser ungewöhnlichen Warte und achte dabei auch darauf, ob du in stressigen Situationen oder in denen, in denen du nicht deine Wahrheit lebst eher zu Neid neigst als in Situationen, in denen du ganz bei dir bist und deinen Werten und Überzeugungen folgen kannst.

Stelle dir Fragen wie:

- Gibt es Leute, auf die du des Öfteren neidisch bist?
- Was weckt Neid in dir?
- Gibt es Situationen, in denen du besonders zu Neid neigst?

- Welche Hinweise gibt dir diese Emotion?
- Verändert sich deine Einstellung zu dir als neidische Person, wenn du den Neid als Hilfsmittel sehen kannst?

Reise in die Vergangenheit – Kindheitserinnerungen

Bereits im Kapitel 2 – Herzenswünsche und Lebensträume – hast du dich mit deiner Kindheit beschäftigt und dich an deine früheren Träume erinnert. Diese Reise in die Vergangenheit kannst du noch weiter ausbauen. Du kannst dir vorstellen, mit deinem 10-jährigen Ich ein Gespräch zu führen. Was würde dein früheres Ich zu deinem jetzigen Leben sagen? Was würde es sich wünschen für dich und wie würde es Schwierigkeiten angehen? Welche Veränderungen würde es einführen und wie würde es einen Sonntag verbringen?

Wenn du dich nur schwer an deine Kindheit erinnern kannst, versuche an Bilder oder Tagebücher aus deiner Kindheit und Jugend zu kommen oder such das Gespräch mit Leuten, die dich aus dieser Zeit kennen. Es kann sehr interessant sein, mit ganz verschiedenen Menschen zu sprechen, die dich aus unterschiedlichen Lebensbereichen kennen, denn oftmals unterscheidet sich dann auch die Wahrnehmung von deiner Person deutlich. Möchtest du dich deinem inneren Kind nähern, kannst du auch einen freien Tag dazu nutzen und einfach mal all das tun, was dir als Kind Spaß gemacht hat – Cartoons und Cornflakes zum Frühstück, in Pfützen springen, schaukeln, alles auf dem Teller in einem Meer von Ketchup ertränken oder auf Bäume klettern! Wenn du dich alleine schwer damit tust und Hemmungen hast, schnappe dir dein Kind oder biete Freunden an, auf ihren Nachwuchs aufzupassen und lasse dann dein inneres Kind zum Vorschein kommen.

Werte und Träume auf dem Prüfstand

Wie bereits in den Kapiteln 2 und 3 kannst du deine Werte und Träume nochmals überprüfen. Sprich wenn du magst mit Menschen darüber, mit denen du aufgewachsen bist und die dir deine Werte unter anderem mit vermittelt haben.

Frage dich selbst:

- Mag ich meine Werte?
- Habe ich einige blind übernommen?
- Ist nach all dem, was ich bis hierher erlebt und auch gelesen habe, eine Aktualisierung notwendig?

Die gleichen Fragen passen, wenn du deine Träume nochmals überprüfen willst:

- Sind es meine eigenen?
- Sind sie möglicherweise veraltet und passen gar nicht mehr zu mir oder meiner Lebenssituation?
- Halte ich an einem unerreichbaren Ideal fest und blockiere ich mich damit für Möglichkeiten, die greifbar wären?

Vielleicht findest du in den alten Tagebüchern auch Wunschlisten, an denen du dich orientieren kannst.

Was von mir bleibt – mein persönliches Erbe

Dass der Gedanke an den Tod zu radikaler Entscheidungsbereitschaft führen kann und auch dazu, dass wir uns darauf einlassen, uns und unser Leben ohne Filter anzuschauen, haben die vorherigen Kapitel eindrücklich gezeigt. Auch in verschiedenen Gedankenexperimenten und bei diversen Aufräumtechniken wird dieser Umstand genutzt.

Hast du schon einmal vom sogenannten Death Cleaning gehört? Die Idee dazu kommt aus Schweden und geht auf Margareta Magnusson zurück. Diese stellte sich der Frage, was ihre Angehörigen von ihr in der Wohnung und in ihrem allgemeinen Nachlass finden würden, wenn sie, Magnusson, versterben sollte. Daraufhin begann sie mit einem radikalen Ausmist-Programm, bei dem sie überflüssigen Ballast loswurde und wieder freie Sicht auf die wirklich wichtigen Dinge in ihrem Leben hatte, für die sie auch nach ihrem Tod gern noch in Erinnerung bleiben würde.

Dieser Ansatz lässt sich natürlich auch auf dich als ganze Person übertragen.

- Was würdest du gerne als Erbe hinterlassen – sowohl materiell als auch immateriell?
- Was soll von dir in Erinnerung bleiben?
- Was möchtest du hinterlassen?

Künstliche Begrenzung – das Leben ist zu kurz für später

Das Gedankenexperiment von Alexandra Reinwarth ist für den Alltag vielleicht etwas zu radikal, kann aber dabei helfen, den Blick zu schärfen. Reinwarth stellt sich in ihrem Buch „Das Leben ist zu kurz für später" dem Gedankenexperiment, sie hätte nur noch ein Jahr zu leben. Daraufhin ändert sie ihr Leben drastisch, hört auf, Dinge aufzuschieben, wagt Neues, setzt ihre Herzenswünsche um und durchbricht selbstauferlegte Ketten.

Nicht alle von uns haben die gleichen Freiräume und finanziellen Möglichkeiten, um dieses Gedankenexperiment so klar umzusetzen, aber es kann dabei helfen, Prioritäten zu benennen und sich bewusst für ein Leben ohne Wenn und Aber im Hier und Jetzt zu entscheiden.

Märchenhaft leben mit deiner guten Fee

Falls dir dieser Ansatz zu morbide ist und dir der Gedanke eher noch mehr Stress bereitet, zwing dich nicht dazu, sondern wähle einfach eine andere Herangehensweise. Vielleicht funktioniert für dich das Gedankenexperiment mit der guten Fee. In einer Märchenwelt kommt eines Tages deine persönliche gute Fee zu dir und stellt dir unbegrenzt freie Wünsche in Aussicht. Du darfst ganz unbeschwert und frei träumen und assoziieren und kannst dir dein Wunschleben in den buntesten Farben ausmalen. Natürlich wird dir im wirklichen Leben niemand den Wunsch erfüllen können, als Zahnfee tätig zu werden, aber wenn du deine Wunschbilder näher betrachtest, kannst du bestimmt eine Richtung erkennen und dir Anregungen für dein Leben in der Realität holen.

Unterstütztes Fantasieren – Traumreisen

Wenn du jetzt denkst, dass du ohnehin nicht genug Fantasie hast, um dir ein solches Szenario vorzustellen, kannst du dir natürlich auch Unterstützung holen: In der Bücherei oder im Internet findest du jede Menge Traumreisen, mit denen du dich auf den Weg in deine Vorstellung machen kannst. Eine Traum- oder Fantasiereise ist ein sogenanntes imaginatives Verfahren. Während du dich in einer entspannten Körperhaltung an einem ruhigen, ungestörten Ort befindest, trägt dir ein Sprecher eine Traumreise in Form einer Erzählung vor. Nach einer kurzen Einstimmung mit Entspannung wird die Geschichte erzählt, bei der stark mit inneren Bildern gearbeitet wird, die du dir in den Erzählpausen ausmalen kannst. Abschließend wirst du wieder ins Hier und Jetzt zurückgeführt. Fantasiereisen werden sowohl zur Entspannung als auch zur Entdeckung von innerer Kraft und Wünschen eingesetzt.

Halboffene oder gelenkte Fantasiereisen sind für dich am Anfang sicher am einfachsten, wenn du Probleme hast, dir selber Dinge vorzustellen, da hier mit starken Adjektiven und Beschreibungen gearbeitet wird, die das innerliche Visualisieren erleichtern. Achte bei der Wahl der Fantasiereise darauf, dass das Thema der Erzählung und die Stimme des oder der Vortragenden für dich angenehm sind. Vielleicht wählst du immer wieder Reisen mit einem bestimmten Thema aus – ein erster Hinweis darauf, womit du dich gerne beschäftigen möchtest?

Mach dir ein Bild – visuelle Hilfsmittel

Fallen dir Gedankenexperimente und andere imaginative Verfahren, bei denen du mit deiner Vorstellungskraft arbeitest, gerade schwer, kannst du auch visuelle Methoden anwenden, um dich deinen Werten und Träumen zu nähern.

Wenn du gerne schreibst, kann Mind-Mapping eine gute Methode sein, um dich mit deinen Herzenswünschen zu befassen. Diese kognitive Technik geht auf den britischen Autor Anthony Buzan zurück. Dein zentrales Thema schreibst du in die Mitte eines Blattes und du entwickelst dann im Stile eines Baumdiagrammes und durch freies Assoziieren deine Mind-Map. Der gehirngerechte Aufbau erleichtert dir das Ordnen und Benennen deiner Gedanken und hilft beim kreativen Umgang mit Problemen. So könntest du für einen Herzenswunsch, den du in die Mitte als Startpunkt setzt, eine Mind-Map erstellen.

Auch freies Schreiben kann dir dabei helfen, dich deinen Wünschen zu nähern. Lege dir eine bestimmte Schreibdauer fest – am besten stellst du dir einen Timer – und dann schreibst du zu deinem Thema alles was dir in den Kopf kommt. Es ist dabei völlig gleichgültig, ob du dich wiederholst oder ob die Sätze grammatikalisch korrekt sind. Es geht darum, deine Gedanken fließen zu lassen und dir die Erlaubnis zu geben, alles festzuhalten, was hoch kommt.

Liegt dir das Schreiben nicht so, kannst du natürlich auch zu Pinsel oder Stift greifen und dein Wunschleben skizzieren oder malen. Auch ein Vision-Board leistet visuell veranlagten Menschen gute Dienste. Suche dir in Zeitschriften oder im Internet aussagekräftige Bilder aus, die das zeigen, was du dir wünschst, arrangiere alle gesammelten Bilder auf einem Papier und klebe sie zu einer hoffnungsfrohen und motivierenden Collage zusammen. Wenn sie dir optisch gefällt, kannst du sie vielleicht in deinem Zimmer oder in der Innentür des Kleiderschranks aufhängen. Wann immer dein Blick darauf fällt, kannst du dich freuen und dich wieder ganz darauf ausrichten, deine Lebensträume in die Tat umzusetzen.

Die großen 8 – dein Lebensrad in Balance

Eine weitere wunderbare Form der Visualisierung ist das Lebensrad. Dafür zeichnest du auf ein großes Blatt Papier einen Kreis und unterteilst diesen in acht Bereiche. Der Kreis ist dein Lebensrad. In die einzelnen Felder schreibst du die acht wichtigsten Aspekte deines Lebens. Diese variieren von Person zu Person und von Einsatzzweck zu Einsatzzweck. Häufig handelt es sich um folgende Punkte:

- Finanzen/Beruf
- Persönliche Weiterentwicklung/Bildung
- Gesundheit
- Familie/Partnerschaft
- Freundschaften
- Spaß/Freizeit
- Spiritualität/Religion

„Hätte ich mal..."

Dann geht es darum, eine Bestandsaufnahme von deinem aktuellen Leben zu machen: Wie zufrieden bist du jetzt aktuell in den einzelnen Bereichen? Sind alle Bereiche in Balance oder ist klar, dass dein Leben nicht rund laufen kann, weil du einen Aspekt deutlich vernachlässigst? Die folgenden Fragen können dir dabei helfen, die einzelnen Aspekte in Ruhe zu beleuchten und dir Gedanken darüber zu machen, wie zufrieden du mit den acht Lebensbereichen bist, was dir gefällt und wo deiner Meinung nach Verbesserungsbedarf besteht:

Finanzen/Beruf:

- Bist du finanziell abgesichert?
- Kannst du gut mit Geld umgehen?
- Bist du zufrieden mit der Art und Weise, wie du dein Geld ausgibst?
- Verdienst du genug oder fühlst du dich für deine Arbeit nicht ausreichend entlohnt?
- Bist du mit deiner Arbeit zufrieden?
- Hast du die Möglichkeit, dich weiterzuentwickeln?
- Kannst du deine Fähigkeiten und Fertigkeiten bei deiner Arbeit zum Einsatz bringen?
- Freust du dich am Montag schon auf das Wochenende?
- Arbeitest du zu viel?

Persönliche Weiterentwicklung/Bildung

- Bist du mit deinem höchsten Bildungsabschluss zufrieden?
- Hast du das Gefühl, etwas versäumt zu haben in puncto Ausbildung?

- Gibt es eine Weiterbildung, die du gerne machen würdest?
- Wann hast du das letzte Mal etwas Neues ausprobiert?
- Liest du?
- Gibt es Themen, die dich immer wieder beschäftigen?

Gesundheit

- Ernährst du dich gesund und ausgewogen?
- Trinkst du viel/oft Alkohol?
- Rauchst du?
- Trinkst du sehr viel Kaffee?
- Trinkst du genug Wasser?
- Bekommst du ausreichend erholsamen Schlaf?
- Bewegst du dich mehrfach in der Woche, sodass dein Kreislauf in Schwung kommt?
- Sorgst du für Entspannungspausen im Alltag oder stehst du ständig unter Strom?

Familie/Partnerschaft

- Fühlst du dich geliebt?
- Liebst du deinen Partner?
- Nehmt ihr euch regelmäßig Zeit für Zweisamkeit?
- Führt ihr angeregte Gespräche miteinander?
- Verbringst du wertvolle Zeit mit deinen Kindern?
- Könnt ihr euch über alles unterhalten?
- Wann habt ihr das letzte Mal als Familie zusammen gegessen?
- Spielt ihr zusammen?

Freundschaften

- Hast du einen Menschen in deinem Leben, dem du komplett vertraust?
- Hast du jemandem zum Lachen?
- Sind deine Freundschaften auf Augenhöhe?
- Ist es ein Geben und Nehmen?
- Nehmt ihr euch Zeit füreinander?
- Gibt es Freundschaften, die du nur der Erinnerung oder aufgrund von Pflichtgefühl wegen aufrecht erhältst?
- Zeigst du deinen Freunden, dass du sie wertschätzt?

Spaß/Freizeit

- Wann hast du das letzte Mal richtig laut gelacht?
- Gehst du regelmäßig in die Natur?
- Weißt du, wie du dich ohne Genussmittel entspannen kannst?
- Pflegst du deine Hobbies?
- Gestaltest du deine Freizeit auch offline, ohne Smartphone und Bildschirm?
- Weißt du, wie du dich alleine beschäftigen und eine gute Zeit haben kannst?
- Fühlst du dich ohne Arbeit wohl?
- Machst du in deiner Freizeit immer das Gleiche oder probierst du auch gern mal was Neues aus?

Spiritualität/Religion

- Praktizierst du deinen Glauben?
- Hast du das Gefühl, im Alltagsleben Platz für deine Spiritualität/Religion zu haben?

Kapitel 6 – Den Wünschen auf der Spur

- Gibt es Personen, mit denen du dich über das Thema austauschen kannst?
- Fühlst du dich allein mit deiner Religion / deiner Spiritualität?
- Hast du das Gefühl, diese passt gar nicht mehr zu deinem aktuellen Gedankengut?

Wenn du sehr visuell veranlagt bist, kannst du jeden Bereich von der Mitte aus in 6 Ringe unterteilen und diese entsprechend deiner Bewertung ausmalen. Bist du voll mit deinem Beruf und deinen Finanzen zufrieden, bekommt der Bereich 6 Punkte und wird komplett ausgemalt. Hapert es bei der Freizeitgestaltung, weil du dich ohne Arbeit nicht wohl fühlst und wenn überhaupt in deiner Freizeit nur vorm Rechner hängst, malst du entsprechend deiner Bewertung nur zwei oder drei Ringe aus. Somit entsteht auf deinem Blatt ein komplett oder nur teilweise ausgemalter Kreis. So siehst du ganz genau, wo es hakt und auch, ob dein Lebensrad gleichmäßig ausgemalt ist oder einige Bereiche vernachlässigt wurden. Wo musst oder willst du etwas verändern? Wie kannst du wieder für Balance sorgen, wenn dein Lebensrad aus dem Gleichgewicht geraten ist? Hast du dich zu stark auf einen Bereich konzentriert – z. B. die Sparte Finanzen/Arbeit – und die Lebenswünsche aus anderen Bereichen hinten angestellt? Gibt es einen Lebenswunsch, der mehrere Bereiche umfasst? Und wo lässt sich dein absoluter Herzenswunsch einsortieren?

Vom Extremen zum Machbaren

Jeder kennt diese herrlichen Luftschlösser, die man sich in einer stillen Minute gebaut hat und die einfach all dem Raum geben, für das in der Realität kein Platz ist. Wenn du im Träumen ganz groß bist, dabei aber gern und regelmäßig über das Ziel hinausschießt,

„Hätte ich mal..."

bedeutet das keinesfalls, dass du deine Wünsche aufgeben musst. Stattdessen kannst du sie ein wenig verwandeln: Extreme Ideen in etwas dir Mögliches zu verwandeln sorgt dafür, dass du deine Träume in etwas abgespeckter Version trotzdem in die Tat umsetzen kannst und sie nicht aufgeben musst. Dafür musst du gar nicht viel tun, sondern einfach artverwandte Tätigkeiten finden oder deine Wünsche etwas herunterbrechen. Sozusagen auf die Handtaschenvariante deines unerreichbaren Riesentraumes.

Du hast immer davon geträumt, als Profi-Tänzer beim Russischen Staatsballett mit über die Bühne zu tanzen? Das wird mit Mitte 40 wohl nicht mehr zu erreichen sein, aber viele Ballettschulen bieten heutzutage auch Anfänger-Kurse für Erwachsene an. So kannst du deinem Traum so nah wie möglich kommen und dabei jede Menge Spaß haben und etwas Neues ausprobieren, statt vermeintlichen verpassten Möglichkeiten hinterher zu trauern.

Nicht immer ist es ganz leicht, eine machbare Alternative eines Wunsches herauszuarbeiten. Du wolltest Astronautin werden, arbeitest jetzt aber eigentlich sehr zufrieden und erfolgreich als Neurologin? Trotzdem ist da dieses Sehnen im Hinterkopf und du fragst dich, was gewesen wäre, wenn...? Finde heraus, was dich an dem Beruf Astronautin interessiert. Ist es die Ausbildung? Die Idee vom Schweben im freien Raum? Je nachdem, was dich fasziniert, kannst du Planetarien besuchen oder dir einen spannenden Tag im Windkanal schenken. Beim Body-Flying erlebst du das einzigartige Gefühl vom Schweben im Raum – zwar nicht so, wie in einer bemannten Rakete, aber doch schon dicht dran und mit Sicherheit unvergesslich!

Wir müssen akzeptieren, dass manche Träume für uns unerreichbar sind oder sich ab einem bestimmten Alter nicht mehr umsetzen lassen. Ein Nein bedeutet allerdings nicht, dass es für uns absolut keine Möglichkeit mehr gibt, eine vergleichbare

Erfahrung zu machen. Zeigst du dich flexibel und aufgeschlossen, kannst du so aufregende Dinge erleben und deinem Traum so nah wie möglich kommen.

Kapitel 7 – Jetzt geht's los

Du weißt jetzt, was du dir für dein Leben wünscht und du bist bereit, dich auf die Reise zu machen. Herzlichen Glückwunsch! Freue dich auf eine spannende und abenteuerliche Reise zu dir selbst und zu einem Leben, dass genau dem entspricht, was dir wirklich wichtig ist.

Was ist aber, wenn du deine Ziele klar vor deinen Augen siehst, du aber keine Ahnung hast, wie du sie erreichen sollst? Vielleicht sind dir deine Wünsche klar, aber es sind möglicherweise zu viele? Vielleicht weißt du nicht, wie du deinen Lebensträumen folgen sollst, ohne dein Umfeld zu verletzen? Vielleicht weißt du vor lauter Begeisterung gar nicht, wo du zuerst anfangen sollst?

Mache es dir und deinen Wünschen leicht und bringe etwas Ordnung in das Ganze, damit du dich einfacher zurecht findest und nicht verzettelst. Gerade wenn du viele Aspekte in deinem Leben ändern möchtest oder es sich bei deinen Lebensträumen um wirklich gravierende Veränderungen handelt, lohnt es sich, sich zuerst einen kleinen Überblick zu verschaffen und die Dinge nach und nach anzugehen.

Wünsche zuordnen

Erinnerst du dich an die Übung aus dem vorigen Kapitel, in der du dein Leben in verschiedene Bereiche unterteilt hast? Du hast festgehalten, in welchen Bereichen dein Leben rund läuft und wo du Platz für Verbesserungen siehst. Ordne deine Wünsche diesen Lebensbereichen zu und führe dir dabei vor Augen, welcher Bereich am stärksten deine Aufmerksamkeit fordert.

Gibt es Übereinstimmungen in den Bereichen? Vielleicht möchtest du sowohl in den Segmenten Freundschaft und Partnerschaft als auch Beruf im Umgang mit anderen klarer Position beziehen und als selbständige Person wahrgenommen werden? Oder sind bei dir alle Wünsche und Lebensträume nur in einem Bereich zu finden, etwa im Bereich Beruf: Träumst du davon, eine neue Ausbildung zu machen, den Sprung in die Selbstständigkeit zu wagen und dir eine neue Existenz aufzubauen?

Wenn du die Wünsche den einzelnen Lebensbereichen zuordnest, hast du einen ersten Überblick und kannst meist auch schon intuitiv gut entscheiden, welche Lebensträume mit mehr Aufwand verbunden sind und welche sich recht unkompliziert umsetzen lassen.

Wünsche gewichten

Hast du dir einen ersten Überblick verschafft und festgestellt, dass du nicht nur ein großes Ziel verfolgst, sondern mehrere, kann es helfen, diese Wünsche zu gewichten. Das bedeutet nicht, dass du einem Wunsch seine Daseinsberechtigung absprichst. Es soll dir nur dabei helfen, eine gewisse Ordnung in das Ganze zu bringen, damit du mit der Umsetzung deiner Lebensträume beginnen kannst. Stehst du vor einem großen Berg an Ideen, kann es schwer sein, sich zu entscheiden und den Anfang zu finden. Ermittelst du allerdings, welche Träume groß und klein, welche mit vielen Zwischenschritten und welche rasch umzusetzen sind, welche unkompliziert und welche sehr schwer für dich sein werden, dann kannst du dich daran vorwärts tasten.

Bei großen Träumen hilft es ungemein, diese in kleinere Aufgaben zu zerteilen. Wenn du schon immer davon geträumt hast, dich auf Muttersprachlerniveau mit Originaltexten von Shakespeare auseinander zu setzen, dann kann es auf den ersten Blick entmutigend sein, wenn du mit deinem rostigen Schulenglisch startest. Ist deine erste Zieletappe aber, den Abschlusstest deines Volkshochschulkurses für das Sprachniveau A2 zu schaffen, dann ist dein Ziel realistisch und weniger angsteinflößend. Das Setzen von realistischen Zielen kann dir auch dabei helfen, Enttäuschungen zu minimieren.

Kleinere Träume, die du leicht umsetzen kannst, kannst du immer wieder als Motivationsspritze nutzen, wenn du bei langfristigen Zielen etwas Unterstützung brauchst. Die Umsetzung von Träumen, die nur dich selbst betreffen, gehen ebenfalls leichter von der Hand. Lebensträume, die auch Auswirkungen auf dein Umfeld haben, sind schwieriger umzusetzen und erfordern meist mehr Courage, sodass der Aufwand deutlich größer ist. Achte unbedingt darauf, dir nicht zu viel auf einmal aufzubürden, damit die Reise zu deinen Lebensträume auch Freude macht und nicht nur in Arbeit ausartet.

Wann ist der beste Zeitpunkt, um anzufangen?

Wenn dein erster Impuls „Jetzt!" ist, dann ist das nachvollziehbar. Insbesondere dann, wenn deiner Meinung nach schon viel zu viel Zeit verstrichen ist, in der du dich nicht um deine Lebensträume gekümmert hast. Überlege dir aber trotzdem, ob du dir nicht das nächste Wochenende als Startpunkt setzt, um die Reise Lebensträume zu beginnen. Vielleicht kannst du dir sogar den Luxus erlauben, und dir ein paar Tage frei nehmen? Falls sich das mit deiner beruflichen und familiären Situation nicht vereinbaren lässt, gönne dir zumindest einen freien Abend, an dem du ganz für dich sein kannst.

Erlaube dir noch einmal einen kurzen Moment des Rückblicks und schaue dir an, was du bisher erarbeitet hast und entwickle anhand dieser Erkenntnisse eine Art Erste-Hilfe-Kasten für die ersten Wochen deines neuen Weges. Du kennst das sicherlich von anderen Projekten oder auch von etwaigen guten Vorsetzen zum neuen Jahr: Am Anfang fühlst du dich unheimlich motiviert, steckst voller Energie und Ideen und auch deine Disziplin ist die eines Ninja. Aber dann gibt es die ersten Rückschläge: der ganze Tag war doof, du bist nicht dazu gekommen, deine neue Gewohnheit an dem Tag zu pflegen, am nächsten Tag bist du zu müde, am Tag darauf ist einfach zu viel zu tun und dann lohnt es sich ja ohnehin schon nicht mehr und der Frust über das vermeintliche Scheitern bewirkt oft sogar des Gegenteil und treibt uns wieder in destruktive Verhaltensmuster. Auch das Verfolgen von Lebensträumen und das Leben der eigenen Wahrheit kann manchmal unangenehm oder anstrengend werden. Da wirken die ausgetretenen Pfade, die wir eigentlich so gerne verlassen wollten, plötzlich wunderbar bequem und was ist denn überhaupt gegen überschaubare Langeweile einzuwenden?

Auch wenn du in deinem Umfeld auf Widerstand stößt, können deine festen Vorsätze leicht ins Wanken geraten oder deine Lebensträume sich schnell wieder in die hinteren Winkel deines Kopfes verziehen und da auf bessere Zeiten warten. Aber wie wir aus den Mitteilungen der Sterbenden wissen, ist es nicht ratsam, diese Aspekte aufzuschieben und auf einen besseren Moment zu hoffen. Deshalb lege dir ein paar Strategien zurecht, mit denen du Anlaufschwierigkeiten überwinden kannst und die dir auch nach ein paar Tagen noch genug Motivation geben, so dass du deinen neuen Kurs nicht verlässt. Viele etwaige Schwierigkeiten lassen sich vorab schon ausheben, wenn du weißt, was dir bei der Umsetzung deiner Lebensträume den Mut nehmen könnte und wo du besonders gut auf dich achten solltest, damit du nicht vorschnell aufgibst und die Segel streckst.

Kapitel 7 – Jetzt geht's los

Erinnerst du dich an deine Antworten, die du auf die Fragen zu deinen Träumen im Alltag im Kapitel 2 gegeben hast? Wieso hattest du zunächst Probleme, deine Lebensträume im Alltagsgeschehen wahrzunehmen? Wo könnten da also, wenn du das Unterfangen jetzt angehst, mögliche Fallstricke auftreten?

Solltest du darauf achten, dir genug Pausen in deinem Alltag zu schenken, um dich und deine Bedürfnisse wahrzunehmen? Falls dies der Fall ist, überlege dir, wo und wie du dir kleine Ruheinseln verschaffen kannst und trage dir diese Pausen fest in deinen Terminkalender ein. Sie sind genauso wichtig wie andere Dinge in deinem Alltag, denn nur ausgeruht und ganz bei dir kannst du ein produktives Leben führen und das Ruder in der Hand behalten.

Ist es wichtig, dass du deine Überzeugungen hinterfragst und immer aktiv danach strebst, dir Gutes in deinem Leben zu erlauben? Dann kannst du hier wunderbar mit verschiedenen Visualisierungstechniken arbeiten und dir immer wieder vorstellen, wie du ein gutes Leben voller Fülle führst. Du kannst auch ein Dankbarkeits-Tagebuch führen und dir deine Lebensschätze vor Augen führen, wenn du immer noch befürchten solltest, dass das Verfolgen deiner Lebensträume bedeutet, dass du das, was du bereits in deinem Leben an Schönem erlebst, nicht genug wertschätzt. Dieser Tipp funktioniert übrigens auch wunderbar für Personen, denen das Träumen und Wünschen schwerfällt, weil sie sich an eine konstante negative Bewertung von äußeren oder auch dem inneren Kritiker gewöhnt haben und gar nicht als glückliche Person, der Gutes widerfährt, vorstellen können. Mit einem Glückstagebuch, in dem du auch deine Fortschritte beim Verfolgen der kleinen und großen Lebensträume festhalten kannst, lenkst du deinen Fokus gezielt auf die angenehmen Seiten des Lebens und du schulst deine Wahrnehmung dementsprechend.

Jetzt geh ich's an – aber was ist mit den Anderen?

Hast du Angst vor der Beurteilung anderer, wenn du dich jetzt wirklich auf die Reise zu deinen Träumen machst und aktiv wirst? Angst kann dich extrem in deiner Entwicklung hemmen, sie ist im Übermaß eine schlechte Begleiterin und auch eine schlechte Ratgeberin. Wenn du Angst vor der Bewertung oder Verurteilung anderer hast oder befürchtest, dass diese dich auf deinem neuen Weg behindern werden, dann überlege dir vorab, wie du mögliche Krisen umgehen kannst oder was du tun kannst, damit diese dich nicht aus der Bahn werfen, wenn sie sich doch nicht vermeiden lassen.

Wie schon mehrfach erwähnt, kann eine Veränderung in deinem Verhalten Unverständnis bei deinem Umfeld hervorrufen, vielleicht sogar Widerstand. Folgst du plötzlich deinem eigenen Rhythmus geraten die, die bisher den Ton angegeben haben, vielleicht aus dem Takt und reagieren daraufhin ungehalten. Um dem möglichst effektiv vorzubeugen, kannst du verschiedene Maßnahmen ergreifen.

Teile deinem Umfeld mit, welche Veränderungen du anstrebst und erkläre auch dein Warum. Die Frage, wie du deinem Umfeld mitteilst, was du jetzt ändern wirst, solltest du von Person zu Person individuell entscheiden. Bereits Kinder sind ab einem gewissen Alter dazu in der Lage, klar formulierte Begründungen nachzuvollziehen und auch den Großen hilft es bei der Akzeptanz von Veränderungen, wenn sie wissen, warum diese passieren. Gib deinem Gegenüber die Möglichkeit, seine Gedanken und Gefühle zu verbalisieren, auch wenn sie vielleicht nicht so positiv ausfallen sollten, wie erhofft. Dadurch fühlt sich dein Gegenüber gesehen und möglicherweise auch nicht so außen vor. Es kann auch hilfreich sein, Pläne mit dem Partner oder den Kindern zu schmieden und somit das eigene Umfeld mit ins Boot zu holen. Statt sich möglicherweise außen vor oder zurückgesetzt zu fühlen, werden deine Liebsten zu deinen Unterstützern oder sogar zu Mitstreitern und Verbündeten, die dich in deinen Bestrebungen bestärken und dir den Rücken freihalten. Interagiere mit deinem Umfeld und beziehe es aktiv mit ein, sodass weiterhin eine Kommunikation stattfinden kann und ihr euch nahe bleibt.

Nicht nur Erwachsene, auch Kinder sind Gewohnheitstiere und lieben Rituale und Traditionen. Sollen diese plötzlich aufgegeben werden, kann das einiges an Arbeit auf Seiten deines Umfelds bedeuten, um die dieses nicht gebeten hat. Insbesondere dann, wenn du größere Veränderungen anstrebst, um deine Lebensträume zu verwirklichen, solltest du daher daran denken, deinem Umfeld etwas Zeit zu geben, sich an die Neuerungen, die sich auch auf sie auswirken, zu gewöhnen und nicht gleich ungehalten reagieren, wenn die erhoffte und vielleicht auch so dringend benötigte positive Resonanz auf sich warten lässt.

Meist regelt die Zeit dann den Rest und deine Liebsten gewöhnen sich an die neue Situation. Akzeptiere aber auch, wenn jemand deine Wünsche und Träume nicht nachvollziehen kann und dich nicht unterstützen will. Das sollte dich jedoch nicht von deinen ursprünglichen Plänen abbringen oder dazu führen, dass du zurücksteckst und dich wieder so verhältst, wie sich dein Gegenüber das vielleicht wünscht. Das ist dein ganz persönlicher Weg. Du allein bist verantwortlich für dein Glück. Und du wirst es auch aus eigener Kraft schaffen, dich deinen Lebensträumen zu nähern und diese schließlich umzusetzen!

Was, wenn ich dann immer noch nicht rundum glücklich bin?

Hast du alle Hürden bis hierhin gemeistert und deinem Leben eine neue Wendung gegeben, indem du jetzt aktiv das Ruder in die Hand nimmst, verlange bitte nicht von dir, dass du von nun an nur noch rund um die Uhr glücklich sein musst.

Vielleicht fühlst du dich verunsichert, wenn du deine Ziele so aktiv verfolgst oder dich ihnen sogar mit Riesenmeilenstiefeln näherst und dann doch mal traurig bist. Du bist ein ganz normaler Mensch mit schlechten und guten Tagen und kannst und solltest nicht von dir erwarten, dass du 24 Stunden am Tag happy bist. Gerne kommen genau in solchen Phasen auch Unkenrufe von denen, die deine Träume von vornherein schlecht gemacht haben: „Was bringt dir denn dein neuer Job/deine Ausbildung/deine Reise, wenn du jetzt doch so traurig/frustriert/ängstlich bist? Wozu gibst du dir denn die ganze Mühe?" Klar, dass dich solche Äußerungen zusätzlich verunsichern und dir vielleicht sogar den Mut rauben können.

Bitte hab Verständnis dafür, dass Veränderungen nicht einfach nur angenehm sind, sondern dich auch Kraft kosten und es immer wieder Momente geben wird, in denen du das Gefühl hast, dass einfach nur alles schief läuft. Dem ist zum Glück nicht so – aber es fühlt sich manchmal so an. In Krisensituationen neigen wir zum Dramatisieren und Verallgemeinern. Plötzlich ist alles ganz schlimm und ganz schrecklich und wird bestimmt nie, nie, nie wieder gut.

Diese Gedanken sind vollkommen normal, aber auch tückisch. Du kannst sie dir gerne eine Weile erlauben, aber dann darfst du sie auch liebevoll und bestimmt wieder auf ihren Platz verweisen und dir sagen, dass zu einem gesunden Leben nun mal Regen und Sonnenschein gehören. Selbst wenn sich jetzt eine Fee neben dir niederlassen würde und dir das Paradies auf Erden zaubern würde, würde es Momente des Verzagens geben. Das ist völlig normal. Deshalb solltest du dich keinesfalls auf deinem Weg verunsichern lassen – weder von Außenstehenden, die deine Bemühungen belächeln und klein reden, noch von deinem inneren Kritiker, der dir weismachen will, dass das Ganze eh nichts bringt. Der ist mindestens genauso fies wie die Stimmen von außen und weiß genau, wann deine Abwehr schwach ist und er dich mit wenigen, zielgerichteten Worten aus der Bahn bringen kann.

Aber du weißt etwas, was er nicht weiß: Veränderungen können anstrengend, schmerzhaft oder mühevoll sein. Sie sind vielleicht geprägt von Entbehrungen und machen manchmal keinen Spaß. Sie fordern dich heraus – und genau deshalb kannst du auch wunderbar an ihnen wachsen. Du weißt, dass du für manch eine Entscheidung bestimmte Beigaben ungefragt obendrauf bekommst und du weißt damit umzugehen – denn am Ende steht dein strahlender Herzenswunsch, der dir die Kraft gibt, durchzuhalten. Motivation ist hier alles, aber du darfst auch vollkommen ungehemmt Momente des Verzagens spüren und auch mal alles so richtig schlimm finden – so lange du dich davon nicht überwältigen lässt.

Tief in dir wirst du ohnehin spüren, dass du auf dem richtigen Weg bist – auch wenn der Weg mal holprig wird oder du neuen Anlauf nehmen musst. Wichtig ist nur, dass du weiter gehst!

Abschluss: Bestens vorbereitet für deinen Weg

Der Gedanke, am Ende des eigenen Lebens voller Reue auf den gemachten Weg zurück zu blicken, ist sowohl erschreckend als auch motivierend. Anders als die Sterbenden vor uns, die uns mitgeteilt haben, was sie am meisten in ihrem Leben bereuen, haben wir ein Bewusstsein dafür, worauf wir achten müssen, um ein wirklich erfülltes Leben zu führen.

Die fünf am häufigsten genannten Gründe für ein Reuegefühl am Lebensende – nicht gelebte Selbsttreue und Authentizität, eine schlechte Work-Life-Balance, nicht zum Ausdruck gebrachte Gefühle, das Vernachlässigen von Beziehungen und nicht gelebte Lebensfreude – kannst du als Wegweiser dafür nutzen, welche Aspekte du in deinem Leben auf den Prüfstand stellen könntest, um sicher zu gehen, dass du ein gutes Leben führst. Du hast erfahren, dass deine Wünsche auch durch deine Werte beeinflusst werden, die sich durch verschiedene Faktoren gebildet haben. Du hast gelernt, dass es zwar immer wieder klare Übereinstimmungen in einer Gesellschaft gibt, was Werte und Wünsche angeht, es aber auch im höchsten Maße eine persönliche Angelegenheit ist.

Allein deswegen schon ist die Arbeit mit deinen Wünschen und Werten etwas, das dir niemand abnehmen kann und auch niemand abnehmen sollte. Schließlich bist du die Expertin / der Experte für dich und deine Bedürfnisse und niemand anderes kennt dich so gut wie du selbst. Es gibt verschiedenste Gründe, warum diese natürliche enge Verbindung zu dir selbst und deinen Herzenswünschen im Laufe der Jahre verloren gegangen sein kann – der Alltagsstress, die großen und kleinen Probleme, Enttäuschungen, gesellschaftliche Konventionen, Druck von Autoritätspersonen oder auch deine Angst vorm Scheitern und der Wunsch, die Verantwortung und Kontrolle abgeben zu wollen, um nicht schuld zu sein, wenn dein Leben nicht so toll wird, wie du es dir einst ausgemalt hast.

Da du jetzt um die Gründe weißt, die dich vom Wünschen abhalten können, hast du dich nun doch deinen Lebensträumen nähern können. Die vorgestellten Übungen haben dich dabei möglicherweise unterstützt und dir geholfen, deine Lebenswahrheiten und Herzenswünsche klar zu formulieren. Damit kannst du nun einen Fahrplan, eine Karte entwickeln, mit der du dich deinem Ziel konstant näherst. Du weißt, wo es hingeht und wie du laufen musst, um anzukommen. Die Übungen kannst du immer wieder zur Hand nehmen, um deine Träume in jeder neuen Lebensphase zu finden, zu erforschen und gegebenenfalls zu aktualisieren.

Du weißt jetzt, was Wünsche und Werte für dein Leben bedeuten können und auch, welche Auswirkungen das Leben deiner inneren Wahrheit haben kann. Veränderungen kannst du wohlwollend entgegenblicken, auch wenn es mal schwierig werden sollte oder dein Umfeld mit Unmut reagiert – schließlich hast du den Ausblick auf ein authentisches und erfülltes Leben und wirst unmittelbar positive Veränderungen bei dir selbst wahrnehmen, wenn du dein Leben in die Hand nimmst. Wirst du selbst aktiv und nimmst dein Glück in die Hand, können dir zwar auch dann Schicksalsschläge widerfahren, aber du hast am Ende nichts zu bereuen, was du nicht auch hättest verhindern können. Du hast die Kraft und das Wissen, ein für dich stimmiges Leben zu führen und weißt, dass das nicht nur dich, sondern auch deine Beziehungen zu deinem Umfeld und deinen Liebsten glücklicher macht. Auch wenn die Veränderungen dich eine ordentliche Portion Mut, Durchhaltevermögen und Kraft kosten können, erlauben sie dir, das Leben zu führen, das du dir schon immer für

Abschluss: Bestens vorbereitet für deinen Weg

dich gewünscht hast. Diese Erkenntnis ist meist mit einer tiefen Form der Dankbarkeit und Wertschätzung für das eigene Leben verbunden, das so wunderbar, groß und bunt sein kann, wenn du selbst die Verantwortung übernimmst und dich voller Vorfreude auf den Weg machst!

Geschenk #1 - Zitatesammlung

Vielen Dank noch einmal für den Erwerb dieses Buches. Als zusätzliches Dankeschön erhältst du von mir **zwei E-Books**, als Bonus, und völlig gratis.

Das erste Bonusheft beinhaltet eine Sammlung an schönen, motivierenden und Mut machenden kleinen Geschichten und Zitaten, die dich auf deinem täglichen Weg zu einem erfüllten Leben begleiten können. Finde darin deine Lieblingszitate, die du dir immer wieder als kleine Erinnerungen, Richtungsweiser und Mutmacher zur Hand nehmen kannst.

Du kannst das Bonusheft folgendermaßen erhalten:

Öffne ein Browserfenster auf deinem Computer oder Smartphone und gib Folgendes ein:

stefanielorenz.com/bonus1

Du wirst dann automatisch auf die Download-Seite weitergeleitet.

Bitte beachte, dass dieses Bonusheft nur für eine begrenzte Zeit zum Download zur Verfügung steht.

Alternativ kannst du auch diesen QR-Code einscannen:

Geschenk #2 - Entspannung im Alltag

In diesem zweiten Bonusheft findest du verschiedene Entspannungsmethoden, Meditationsideen und Affirmationen, die dich darin unterstützen können, wieder zu dir selbst zu finden. Mit diesen Methoden kannst du neue Kraft tanken, dich auf deine eigenen Stärken besinnen und aus dem Hamsterrad deiner Gedanken und den Anforderungen von außen aussteigen.

Öffne ein Browserfenster auf deinem Computer oder Smartphone und gib Folgendes ein:

stefanielorenz.com/bonus2

Du wirst dann automatisch auf die Download-Seite weitergeleitet.

Bitte beachte, dass dieses Bonusheft nur für eine begrenzte Zeit zum Download zur Verfügung steht.

Alternativ kannst du auch diesen QR-Code einscannen:

Eine kleine Bitte

Liebe Leserin,

lieber Leser,

nun sind wir am Ende dieses Buches angelangt. Ich hoffe sehr, dass ich dir weiterhelfen und positive Veränderungen in dein Leben bringen konnte.

Als Autorin ist es mir sehr wichtig, Bücher zu schreiben, die Menschen wirklich helfen. Konstruktives Feedback meiner Leserinnen und Leser hilft mir am meisten dabei meine Werke immer weiter zu verbessern.

Falls du mir also persönliches Feedback oder Verbesserungsvorschläge zum Inhalt geben möchtest, dann schreibe mir gerne unter info@stefanielorenz.com. Ich freue mich über jede E-Mail und werde zeitnah antworten.

Für den Fall, dass dir mein Buch wirklich geholfen hat und du sonst keine Fragen hast, dann würde ich mich freuen, wenn du eine positive Rezension für mein Buch auf Amazon hinterlassen kannst. Es dauert wirklich nur wenige Sekunden und du hilfst anderen Menschen und mir ungemein.

Ich weiß all deine Liebe und Unterstützung wirklich zu schätzen.

Falls noch Fragen offen sind, einfach bei mir melden!

Stefanie

Quellen und weiterführende Literatur

Ariely, D. (2010). *Predictably Irrational, Revised and Expanded Edition: The Hidden Forces That Shape Our Decisions.* Harper Perennial.

Bauer, I., Wrosch, C., & Jobin, J. (2008). I'm better off than most other people: The role of social comparisons for coping with regret in young adulthood and old age. *Psychology and Aging, 23*(4), 800–811. https://doi.org/10.1037/a0014180

Berzonsky, M. D. (2016). An Exploration of Personal Assumptions About Self-Construction and Self-Discovery. *Identity, 16*(4), 267–281. https://doi.org/10.1080/15283488.2016.1229609

Brown, B. (2010). *The Gifts of Imperfection: Let Go of Who You Think You're Supposed to Be and Embrace Who You Are.* Hazelden Publishing.

Buzan, T., & Buzan, B. (2013). *Das Mind-Map-Buch: Die beste Methode zur Steigerung Ihres geistigen Potenzials.* MVG Moderne Vlgs. Ges.

Cron, I. M., & Stabile, S. (2016). *The Road Back to You: An Enneagram Journey to Self-Discovery.* IVP Books.

Daniels, D., & Price, V. (2009b). *The Essential Enneagram: The Definitive Personality Test and Self-Discovery Guide.* HarperOne.

(Duden) Das große Wörterbuch der deutschen Sprache, 10 Bde., Bd.3, Einl-Geld. (1999). Bibliographisches Institut, Mannheim.

Fetchenhauer, D. (2011). *Psychologie.* Vahlen.

Flanagan, K. (2017). *Loveable: Embracing What Is Truest About You, So You Can Truly Embrace Your Life.* Zondervan.

Gilbert, D. T., & Ebert, J. E. J. (2002). Decisions and revisions: The affective forecasting of changeable outcomes. *Journal of Personality and Social Psychology, 82*(4), 503–514. https://doi.org/10.1037/0022-3514.82.4.503

Iyengar, S. (2005). *The Psychological Costs of Ever Increasing Choice: A Fallback to the Sure Bet | Semantic Scholar.* Semantic Scholar. https://www.semanticscholar.org/paper/The-Psychological-Costs-of-Ever-Increasing-Choice%3A-Iyengar-Jiang/b23e-ae5aa19577b9d50f2e993bf1c6e11b712107

LaPiere, R. T. (1934). Attitudes vs. Actions. *Social Forces, 13*(2), 230–237. https://doi.org/10.2307/2570339

Mackenzie, J. (2018). Knowing Yourself and Being Worth Knowing. *Journal of the American Philosophical Association, 4*(2), 243–261. https://doi.org/10.1017/apa.2018.19

Magnusson, M. (2018). *The Gentle Art of Swedish Death Cleaning: How to Free Yourself and Your Family from a Lifetime of Clutter.* Scribner.

Martins, B., Sheppes, G., Gross, J. J., & Mather, M. (2016). Age Differences in Emotion Regulation Choice: Older Adults Use Distraction Less Than Younger Adults in High-Intensity Positive Contexts. *The Journals of Gerontology Series B: Psychological Sciences and Social Sciences*, gbw028. https://doi.org/10.1093/geronb/gbw028

Meyers kleines Lexikon Psychologie (Meyers kleine Lexika). (1986). Bibliographisches Institut.

Reinwarth, A. (2018). *Das Leben ist zu kurz für später.* mvg Verlag.

Schwartz, B. (2005). *The Paradox of Choice: Why More Is Less.* Harper Perennial.

Sher, B. (2011). *Ich könnte alles tun, wenn ich nur wüsste, was ich will.* dtv Verlagsgesellschaft.

SMART Ziele – ein Überblick. (2019). Projektmanagement Manufaktur. http://projektmanagement-manufaktur.de/smart-ziele

Stanford psychophysiology lab research on emotion regulation | Good Medicine. (2009). Goodmedicine. http://www.goodmedicine.org.uk/stressedtozest/2009/05/stanford-psychophysiology-lab-research-emotion-regulation

Wenninger, G. (2001). *Lexikon der Psychologie Band 4.* Spektrum Akademischer Verlag.

World Values Survey Association. (n.d.). World Values Survey. https://www.worldvaluessurvey.org/WVSPublicationsBooks.jsp?PUB=96&PUB=96